Assine aqui, aqui e aqui!...

Jornada de um Consultor Financeiro

By Keith G Churchouse

© Março 2010

Tradução Dezembro 2011

EMBARQUE

IMEDIATO PARA O AMOR

Keith Churchouse

ISBN: 978-0-9564325-9-9

As primeiras Crônicas de Churchouse ©

Primeira Edição Global

A inspiração para a tradução desse livro veio da apresentação feita pelo economista Mr. Jim O'Neill, Presidente da Goldman Sachs Asset Management na Universidade de Surrey em 2011.

Meus sinceros agradecimentos pela tradução feita por Rosana Reicher Chazan
(rchazan@reicher.com.br)

ISBN 978-0-9564325-7-5

Detalhes de contato e informações adicionais podem ser encontrados em www.signherehereandhere.co.uk

Nenhum aconselhamento financeiro, de qualquer natureza, foi oferecido nem pode ser considerado como fornecido ao longo do texto deste livro.

Alguns nomes, títulos, sequências, áreas e datas foram alterados para garantir que esse trabalho retrate uma experiência pessoal e não de pessoas e empresas.

Qualquer semelhança com pessoas ou grupos é mera coincidência. Esse livro é também a expressão da opinião pessoal do autor na sua jornada através de seu trabalho em serviços financeiros.

Será feita uma doação para a Associação de Espinha Bífida e Hidrocefalia do Rio de Janeiro para cada livro vendido www.aebh.org

Agradecimentos

Esther Dadswell

O primeiro reconhecimento tem de ser para Esther, minha esposa e sócia, cujo valor nas áreas de administração e engenharia tem sido fundamental para me permitir produzir o texto destas páginas.

Sou grato por sua incansável orientação nesta tarefa.

Obrigado por fornecer o capital para iniciar a empresa e lamento não ter conseguido cumprir minha parte do negócio e por não lamentar sobre simplesmente tudo!

Obrigado também por estar por perto. Eu não teria tido a melhor parte dessa jornada sem você.

Meus pais, Rosamund e Roger Churchouse

Vocês já vão perceber que agradecer-lhes por me aturar será um tema recorrente aqui. Tem sido divertido, bem, pelo menos para mim!

Obrigado por sugerirem que eu trabalhasse num banco já que o caminho dos serviços financeiros parece ter funcionado para mim. E se me sugerirem outros desafios para minha carreira, estarei ocupado nesse dia!

Aos meus leais amigos e colegas de trabalho

Para Alistair G., Gordon B., Steve W., Mike P., Mark C., Michael D., Nick e Martin B. e os demais de quem sempre tenho prazer em ter notícias.

Obrigado pelo apoio, franqueza e sabedoria em me orientar e ao seu profissionalismo.

Vocês são o pináculo do que deveria ser a verdadeira consultoria financeira. Sem vocês e os demais de sua espécie, o aconselhamento financeiro do Reino Unido estaria em um estado lastimável. Bom trabalho. Sejam ousados e continuem.

Para as mãos orientadoras que me ajudaram com esse livro

Obrigado para:

Fiona Cowan, Words That Work, (Palavras que Funcionam)
Contato: fifix@btopenworld.com

Graham Booth, Creation Booth, (Cabine de Criação)
Contato: www.creationbooth.com

Jo Parfitt, Creative Mentor, (Mentor Criativo)
Contato: www.joparfitt.com

Universidade Napier, Edimburgo

Obrigado por permitir que eu tivesse estudado na sua universidade. O curso e estilo de ensino oferecidos expandiram as possibilidades do meu mundo e por isso sou verdadeiramente grato.

E finalmente, aos meus clientes passados, presentes e futuros.

A vocês meus calorosos agradecimentos sem os quais eu não teria desfrutado da minha jornada através dos serviços de consultoria de vendas e de serviços financeiros.

Obrigado.

Prefácio

Confie em mim, sou um vendedor de seguros!

Isso pode não lhe proporcionar a confiança que precisa – mas devido a qual das palavras: *seguros ou vendedor?*

Até certo ponto somos todos vendedores, tanto na vida pessoal quanto profissional. Isso se aplica cada vez mais na nossa sociedade com a transformação progressiva do comércio na Inglaterra em uma economia baseada em serviços.

Quer você esteja convencendo seu filho dos benefícios que uma ida ao dentista vai lhe proporcionar, compensando-o com um presente por bom comportamento; quer seja um proprietário de terras negociando uma grande propriedade ou um corretor da Bolsa de Mercadorias negociando opções de café - você ainda é um vendedor, seguindo os mesmos princípios tanto das regras de vendas quanto dos fundamentos da lei da oferta e da procura. É apenas uma questão de como chegar lá.

Esse trabalho trata dos princípios de venda de serviços financeiros no Reino Unido. Revela, em alguns casos, os caminhos surpreendentes e divertidos em que essas vendas podem ocorrer, bem como as armadilhas contra as quais você deverá abrir os olhos.

Temos presenciado muitas mudanças nos regulamentos e processos de governança em todas as profissões afetando os negócios e sua gestão. No caso dos serviços financeiros para particulares, há previsão de que mudanças maiores vão ocorrer nos próximos anos. Vou tratar dos gestores de nível médio e destacar as frustrações que são geradas durante o amadurecimento na carreira no esforço para obter sucesso profissional. Você pode reconhecer essas dores de crescimento em si mesmo – e através disso, a inspiração do aprendizado vai lhe permitir fazer uma diferença positiva nas realizações pessoais.

Durante o desenvolvimento de sua carreira, você pode decidir se lançar e iniciar o próprio negócio. Será que tem conhecimento interior suficiente para realizar este salto no escuro? Vou destacar as vantagens e os possíveis problemas que poderão ser enfrentados.

Ao longo de quase um quarto de século, os princípios de vendas - em todas as indústrias, serviços financeiros e mais além - não mudaram, embora as tendências e modas em que vivemos estejam em constante mudança. Dos presidentes Reagan e Gorbachev em relação aos atuais, as regras de engajamento político parecem ter mudado pouco de 1985 até o presente, embora sua importância permaneça constante. Isto pode valer para outras áreas, tal como no cenário musical, como se verá.

A carreira de vendas, como qualquer outra, apresenta uma perspectiva desafiadora. Vendedores bem sucedidos têm a necessidade de se manter como um camaleão, adaptando-se aos cenários que encaram. Na próxima vez que seu cônjuge ou companheiro, parente ou amigo venha a comentar que você está em vendas para a empresa «XYZ», indique este livro. Eles poderão, então, perceber que o vendedor a que se referem é conselheiro, empresário, contador, escrivão e, finalmente, vendedor; todos em um.

Seja lá o que faça, em qualquer papel em que se encontre ou desenvolva a própria jornada, seja bom naquilo que faz e faça a diferença. Acrescente algo valioso ao seu mundo. Isso facilita a vida e a renda obtida se torna uma consequência, não um objetivo.

Região Sudeste do Reino Unido

Índice

1. Traga uma bebida e uma grande quantidade de dinheiro

Meu objetivo ao escrever este livro é compartilhar experiências, com algumas risadas ao longo do caminho e, possivelmente, para livrá-lo de alguns arranhões. Acima de tudo, espero que o livro o ajude a se sobressair nos objetivos escolhidos, quer seja em serviços financeiros ou em qualquer outro tipo de vendas ou ambiente de trabalho.

Todo o mundo se lembra da primeira vez que comprou. Lembra-se da primeira vez que lhe venderam algo? Eu me lembro.

A fotografia do caça-bombardeiro F14 Tomcat, sendo lançado de um porta-aviões com os propulsores completamente ligados, ainda pode ser vista na caixa de aeromodelo desbotada como eu a contemplava através do balcão. Uma oportunidade de venda, um tanto presunçosa, mas eficaz se apresentou ao vendedor atrás do balcão e ele aproveitou.

«Um modelo excelente que tenho a certeza combinará bem com qualquer coleção que você tenha em casa», exclamou enquanto alcançava a caixa de um modo

convencido e ao mesmo tempo assoprava um pouco da sua poeira - e eu caía na real. Eu estava economizando para outra coisa, mas a atração pelos itens coloridos do modelo era demais para resistir.

«Você quer que eu ponha numa sacola?», ele perguntou enquanto colocava a mim e a caixa dentro do saco. Antes que eu pudesse fazer qualquer objeção, o dinheiro, minha única poupança, havia sido trocado pela sacola e eu estava fora da antiga Tabacaria em que havia entrado apenas cinco minutos antes. Eu tinha dez anos e o vendedor arrogante, que tinha doze anos, era meu irmão.

A realidade da maioria das coisas na vida é que elas precisam ser *vendidas* em algum momento, mesmo que se trate apenas da venda de um aeromodelo para ganhar um espaço adicional na prateleira! A definição de uma *venda* pode ser lida como «a criação de um contrato entre duas ou mais partes para que algo ocorra ou para mudar de mãos». A lei da oferta e da procura existe desde os tempos mais remotos.

Uma simples venda pode ser a transferência de um produto em troca de uma quantia em dinheiro, algo que acontece nas nossas lojas a cada segundo. O *produto* pode ser qualquer coisa, desde uma pequena barra de chocolate a uma televisão - mas uma *venda* pode se referir à maioria das coisas, incluindo propriedades e serviços financeiros.

O processo de compra pode ser complicado e é por isso que você precisa de um *vendedor*.

O vendedor pode aparecer em várias formas e tamanhos e tem títulos diferentes, como Negociador, Executivo de Vendas ou mesmo Planejador Financeiro.

Esses profissionais de venda também aparecem em momentos diferentes na vida; desde a pessoa que vende um uniforme escolar para os mais jovens até o consultor financeiro que oferece um lançamento de ações para os mais maduros.

O primeiro vendedor que você encontra pode ser um dos seus pais. Eles têm de lhe *vender* várias ideias e conceitos que você pode não querer aceitar enquanto jovem, a não ser que seja subornado adequadamente. Por exemplo, você pode ser persuadido a ir ao dentista e se tiver um bom comportamento durante o tratamento, em troca, vai ter a refeição preferida ou ganhar o DVD que ansiava este mês.

Se você aceitar este acordo (ou suborno, se assim preferir chamar) a venda está concluída.

À medida que se amadurece, o mesmo processo ocorre repetidamente.

Talvez tenha que decidir qual universidade *comprar*, ou qual plano de pensão comprar como investimento para a aposentadoria, ou quais casas vai comprar durante seu percurso pela vida. Cada uma delas é uma decisão que envolve um contrato entre você e a outra parte.

Ao realizar este contrato, você visa obter o que deseja pelo preço ou formato que negociou enquanto o vendedor (o líder do curso ou tutor, o planejador financeiro ou seu representante, o negociador) consegue a venda e um acréscimo ao seu objetivo global.

Mesmo a educação é um objetivo conduzido!

Não há nada melhor para um bom vendedor do que alcançar o objetivo de vendas ou conseguir aquele «grande negócio» fugidio que vem sendo trabalhado nos últimos oito meses. Você sabe a que negócio me refiro. Tenho a certeza que, nesse momento, você tem uma dessas vendas que se arrastam em andamento: ela vai fazer a diferença para conseguir o bônus ou não, ou ser o empurrão necessário para ficar no topo da liga de vendas, se isso for importante para você. A adrenalina correndo ao realizar o negócio é algo para ser saboreado.

A que custo, porém, essa venda foi realizada – e a quem sua consultoria melhor atende?

Serve principalmente ao gerente «mandão» de nível médio que tem que ticar o *Indicador-Chave de Desempenho -* (em inglês *Key Performance Indicator - KPI*) no Sistema de Informações para anunciar ao diretor de vendas: «Viu como lidero bem nossa equipe de vendas»?

Ou serve mais para o cliente e seu melhor interesse?

Eu sempre faço a seguinte pergunta: «Se o cliente que estivesse à minha frente fosse um parente – esposa, pai, mesmo minha vovó caduquinha – sabendo todos os fatos – assim mesmo eu pediria a *eles* que assinassem, aqui, aqui e aqui?»

Se a resposta for não, então é hora de repensar.

Antes de pensar qual a empresa que representa, lembre-se sempre que você representa, sempre *a si mesmo* em primeiro lugar. Isto é o mais importante, tanto agora quanto no futuro. Um ponto chave que vai ficar claro ao longo deste livro é que «as pessoas compram as pessoas». Em uma venda, antes de comprar seu produto, o cliente compra você e o que você, pessoalmente representa em primeiro lugar. Nunca subestime o poder do «você». A mensagem subliminar que você transmite deve ser refletida em todas suas atividades comerciais, incluindo os materiais de marketing, a marca e sua maneira de se vestir. Isto é tratado em mais detalhes mais adiante no livro.

No entanto, isto introduz a questão da *paixão* de realizar uma venda de boa qualidade, e do desejo de alcançá-la. Se responder que *sim*, que venderia a parentes, respondendo à pergunta que lhe foi feita, então tanto você quanto o cliente precisam saber que este é o caminho certo a percorrer.

Além disso, a venda que realiza é uma venda verdadeira ou apenas um pedido de compra? Deixe-me explicar.

A maioria de nós concorda que os carros podem ser um assunto emocional para algumas pessoas. Para elas o carro certo pode evocar uma grande paixão. Se ao entrarem em um estande de vendas, possuírem recursos suficientes - é óbvio que já possuem o desejo - eles vão comprar? Sim! E qual a operação que o vendedor vai realizar: uma tirada de pedido ou uma venda de carro?

Se ele ou ela vender apenas o carro, então é um tirador de pedido. Confrontado com esse nível de desejo do cliente, deve ser capaz de vender um serviço de garantia, seguros, financiamento, serviço de manutenção e assim por diante. Esta seria uma verdadeira *venda*.

Esta venda não é mais fácil quando se tratar de um produto tangível que pode ser sentido, tocado, acariciado e até sentado? E um produto intangível, como um fundo de pensão, investimento, ou seguros? Como isso altera o processo da venda inicial até a conclusão do negócio e o pagamento no banco?

Antes de continuar a ler este livro, vamos deixar uma coisa bem clara: este não é um monte de notas sobre como ser eticamente superior aos seus companheiros. Eu não tenho direito de fazer isso. Esta é puramente uma jornada, a *minha* jornada para ser mais preciso, através dos 25 anos de assessoria de serviços financeiros e as experiências - tanto profissionais como pessoais - das minhas viagens através da profissão.

Espero que esteja pronto para compartilhar o passeio de montanha russa que se segue. Este registro leva em consideração como as alterações no clima econômico, as questões financeiras, as situações da regulamentação e de vendas têm se manifestado e mudado ao longo do tempo neste mundo dinâmico em constante evolução onde eu tenho trabalhado e vivido.

Ao ler estes capítulos, você também pode se perguntar: «Se ele é tão bom no que faz, como encontrou tempo para escrever um livro?» Esta é uma pergunta muito justa, que gostaria de responder com outra pergunta: «Como você encontrou tempo para lê-lo?»

A evidência do controle que você aplica à gestão do tempo e às atividades comerciais é encontrar o tempo necessário para cumprir o desejo de desenvolvimento na sua área de especialização.

Se puder oferecer, a partir da minha assessoria financeira e experiência em vendas, alguns atalhos para o sucesso de vendas, ou até mesmo um pouco de paz de espírito e bem-estar, então este trabalho terá valido a pena - para ambos, tanto para o leitor quanto para o autor.

Temo que isso possa desapontar algum leitor desavisado que estivesse na esperança de encontrar *O Manual do Blefador de Políticas de Venda e de Enrolação*. Não é nada disso - mas esse livro vai lhe fornecer não só os pensamentos inteligentes sobre a navegação nos serviços financeiros e na prestação de consultoria, mas também os desafios variáveis na realidade de vendas e de consultoria.

O texto abrange uma miríade de áreas e assuntos. Varia desde quem *você* realmente é, passa pela experiência em vendas de serviços financeiros e treinamento, até os estilos de gestão, regulamentação e iniciar o próprio negócio.

Você vai encontrar muitos pontos de aprendizado para si mesmo, seja nas sugestões do que deve procurar na própria carreira ou, alternativamente, ajudando-o a observar e entender o que está acontecendo na experiência de trabalho de outra pessoa - e estas são coisas que você pode ajudar que aconteçam, ou evitar a todo o custo.

Embora relacionados a serviços financeiros, esses pensamentos são relevantes para qualquer indivíduo, organização ou indústria que envolvam aconselhamento, pré-vendas, vendas e serviço pós-venda. Tendo em mente que isto normalmente cobre toda a indústria, essa deve ser uma leitura muito relevante não importa para qual indústria você trabalhe.

Não entregar a mercadoria, produto ou serviço prometido a um cliente podem ser embaraçoso, na melhor das hipóteses e custar caro, na pior. Tomemos o exemplo da venda/suborno, com a criança para ir ao dentista. Imagine se você não cumpriu a promessa dada ao *seu* filho que foi ao dentista contando com o DVD ou a refeição favorita. Eu não gostaria de estar por perto quando o «negócio» entrou em colapso, especialmente após a broca do dentista. A entrega da mercadoria ou serviço é o cerne de qualquer venda, seja um produto físico, como um carro, ou uma expectativa intangível de prosperidade futura, como um plano de aposentadoria oferecido por um planejador financeiro.

Tudo se torna mais interessante - e complicado - na parte *intangível* da venda.

No mundo da consultoria financeira do Reino Unido, a regulamentação vem da «Autoridade De Serviços Financeiros» (*Financial Services Authority - FSA*) e isso será considerado em vários pontos nos próximos capítulos. Um regulamento não garante que as expectativas do cliente em relação à venda sejam atingidas. Deveria significar que a venda estava concluída dentro dos limites do regulamento relevante naquele momento - e todos nós sabemos que a regulamentação sofre mudanças com o tempo.

A venda de intangíveis envolve a gestão das expectativas do cliente que podem ser alcançadas com os ativos circulantes e com o tempo disponível. Estar lá em pessoa no final do contrato pode ser difícil se o produto intangível chegar ao vencimento quando o cliente tiver 65 anos de idade. O que pode ocorrer daqui a 40 anos.

Isso não impede que você se esforce para garantir que tudo esteja no lugar agora, para que daqui a quatro décadas essas expectativas sejam atendidas.

Se por acaso o cliente for um membro da família, você pode muito bem estar presente na festa de aposentadoria dele para verificar os frutos da sua consultoria, assim, tenha certeza de estar fazendo tudo certo agora ou você pode ser convidado, no futuro, a trazer uma bebida... e uma grande quantidade de dinheiro!

Assim, indo além, eu não sou um defensor de se fornecer consultoria financeira para parentes e amigos.

Quando no vencimento, existe a possibilidade que mesmo a melhor consultoria financeira e o melhor produto não venham a ser o que tinha sido previsto - isso muitas vezes pode ocorrer num período longo, de muitos anos. Um exemplo óbvio é a apólice de seguro *endowement* (equivalente a um plano de pecúlio no Brasil) que pode ter tido um desempenho muito bom durante muitos anos no Reino Unido, mas, com a mudança na economia, em última análise, ficou aquém das expectativas.

Certa vez, testemunhei um gerente de vendas sugerindo que sua equipe fosse para casa e inscrevesse as famílias. Não! O gerente estará muito longe na data do vencimento do produto – e talvez você esteja lá. Na minha opinião, este é geralmente um sinal de desespero de um gerente e não um sinal de um bom marketing e consultoria.

No restante deste livro, acredito que você vai aprender algo novo, ou descobrir um valor antigo ou uma qualidade que tenha esquecido.

Confie em mim. Eu sou um vendedor de seguros!

Capítulo 1 em poucas palavras

Você se lembra da primeira e da última vez que lhe venderam algo?

Como você se sentiu?

Controle seu precioso tempo para permitir o potencial do próprio desenvolvimento.

Para quem sua última venda serviu melhor: para o gerente de vendas ou para seu cliente?

Assine aqui, aqui e aqui!...

2. Esse motivador de vendas

Você se conhece melhor do que ninguém

Eu estava prestes a confirmar, neste momento, que a confiança na própria habilidade e no processo de venda é tudo - mas refletindo bem, isto seria simplista demais.

Confiança, atitude, carisma, inteligência, comunicação e capacidade devem incluir o foco geral, *seu* foco geral para obter sucesso em qualquer campo em que estiver. É necessário saber em qual das áreas acima você pessoalmente tem necessidade de se desenvolver e então trabalhar duro, nessa área, para ser o melhor.

Você pode me dizer que já é ótimo em todas estas áreas, o que é bom. No entanto, eu suspeito que você não estaria lendo este livro se não estivesse motivado a melhorar sua posição. Todo o mundo pode. A pessoa que para de aprender e de se desenvolver perde o foco e a probabilidade de sucesso.

Então, que tipo de pessoa você é realmente?

Você é avançado e expansivo? Do tipo silencioso e determinado? Tímido e reservado? (O que pode não ser a característica ideal para quem trabalha num processo de venda ou de consultoria face a face). Você é sociável e cheio de energia? Obviamente, esta não é uma lista exaustiva, cada um de nós é único, fruto de diferentes origens com variadas experiências culturais, religiosas, geográficas e de viagens.

O caráter e energia individuais são tudo no «combate» de vendas face a face. O mesmo também se aplica não só às consultorias financeiras, mas também a qualquer campo da comunicação pessoal e direta - até nas Forças Armadas - só que com a diferença que em vendas e consultoria não estamos armados com tanques! Possivelmente, você também queira manter o capacete e o uniforme militares nessas missões complicadas no banco do cliente, a fim de garantir que a motivação para ganhar a venda o sustente diante das objeções iniciais do cliente.

Nunca se esqueça que a maior arma em seu arsenal é seu *sorriso*. Sim, foi o que eu disse: seu sorriso. Tente usá-lo. Um sorriso pode ser muito poderoso para interromper várias e intensas situações de venda e para superar as objeções enfrentadas no campo de trabalho. O sorriso pode também contagiar seus clientes.

Falando em objeções do cliente em comprar, certa vez me ensinaram que se um cliente hesitar em prosseguir com a compra, então juntos devem elaborar uma lista de objeções. As objeções devem ser respondidas, uma a uma, a fim de aliviar cada preocupação. Geralmente, o que faz o cliente comprar é a superação da última objeção listada.

Satisfações dis-satisfações: qual é sua motivação?

Somos todos diferentes. No entanto, às vezes é fácil esquecer que nossos clientes também o são.

Talvez você já tenha aprendido de uma forma difícil que cada um de seus clientes entrou em contato com você por motivações pessoais diferentes - e que estes motivos podem variar até mesmo entre os parceiros de um relacionamento pessoal. Isto pode ir desde o desejo de poupar para um evento que vai ocorrer em seis meses, do investimento para educação futura até uma herança para os netos. Mas quais são as emoções ocultas que impulsionam o motivo? É muito divertido fazer a mesma pergunta ao casal ou parceiros, um na presença do outro, e obter ao mesmo tempo respostas opostas. Os olhares desconfortáveis entre as partes podem contar muitas histórias.

Um casal de namorados, ambos jovens e dinâmicos, veio ao meu escritório em Guildford devido a uma herança que o rapaz tinha recebido. Toby e Sarah consideravam investir esse dinheiro e eu perguntei se planejavam se casar.

«Sim!» Toby respondeu imediatamente, abrindo um largo sorriso que pairou sobre o rosto por trás dos óculos.

«Isto é um pedido de casamento?» Sarah sorriu, corando com a situação e com o nível de compromisso que Toby tinha com ela.

«Acho que poderia ser», ele respondeu timidamente.

Veja como um bom consultor pode ser um casamenteiro também. Bem, quase. E sim, eles estão agora casados e felizes!

Os clientes têm motivos por trás das ambições - mas quais são *suas* motivações? A resposta mais simples seria: o dinheiro. Com certeza todo o vendedor concordaria. Mas é realmente? E se for o dinheiro, então, por que o dinheiro? É o dinheiro que lhe permite manter a família em uma bela casa, ter um carro potente ou um barco ou uma moto, ou manter a prole querida em escolas particulares? Recentemente ouvi o seguinte comentário: «Aquele que morrer com mais brinquedos, vence!»

Como uma alternativa ao dinheiro, você está motivado pelo status? O status pode ser um poderoso motivador para muitas pessoas. Admito que seja para mim, embora isso pareça estar diminuindo à medida que envelheço.

Se sua motivação for o status, repito a pergunta: por que? Será que você é o proverbial «controlador fanático» que precisa dominar e controlar tudo e todos ao seu redor? Ou você gostaria de se envolver na gestão e na estrutura de uma empresa? E esse envolvimento vai contribuir para o sucesso desta estrutura? De que maneira? Ou não é isso? Você está apenas dirigido para fazer o melhor seja qual for seu papel?

Da mesma forma, o que *desmotiva* você? A resposta pode envolver muitas questões. Seu carro é da empresa? E as condições do escritório e a posição da sua mesa? Será a falta de reconhecimento ou mesmo de interesse em seu trabalho dentro da organização? Ou, como um exemplo final, são os limites rígidos da estrutura de gestão na qual você trabalha? Pense nisso: o que incomoda e realmente o chateia? Pode ser uma combinação destas ou de outras situações.

Se fizer uma lista, vai normalmente descobrir que o último ponto é aquele que mais o irrita.

Uma vez identificada a questão principal, então, antes de mais nada, é necessário se concentrar em como controlar a posição negativa que a promove. Se tiver a intenção de fazer uma carreira, como esta questão vai se encaixar no planeta que será seu universo de vendas nos próximos 10-20-30 anos? Qualquer que seja a decisão, certifique-se que não é o suficiente para distraí-lo do objetivo global e afastá-lo completamente.

Indo mais além, Frederick Herzberg Irving (1923-2000) fala sobre «fatores de higiene» (dis-satisfações) e «motivadores» (satisfações) na publicação de 1968, *Novamente, como se faz para motivar funcionários?* (*One More Time, How Do You Motivate Employees?*). Como um aparte, ele afirma que salários e benefícios não são motivadores, mas fatores de higiene.

Também significativo é o trabalho *A Hierarquia das Necessidades* (*Hierarchy of Needs*) de Maslow (Abraham Maslow, em seu artigo de 1943 *Uma Teoria sobre a Motivação - A Theory of Human Motivation*).

Se você não aprender mais nada com esse livro então, por favor, leia as notas básicas desses trabalhos. Ambos são brilhantes e seus estudos são altamente relevantes para nossa compreensão atual. Existem alegações de que esses trabalhos estão desatualizados; eu discordo.

Esses demonstram que as frustrações frequentes que vivenciamos têm sido observadas e documentadas, bem como apresentam a estrutura que pode nos ajudar a compreender sozinhos a situação. Após ler esses estudos e compreender seus benefícios, deixe uma cópia sobre a mesa do gerente para que ele conheça melhor você e suas habilidades.

Manhã, governante

Este é um ponto importante na estratégia global: em qual horário você trabalha melhor?

Não tenho a certeza se é a maturidade que ajuda uma pessoa a compreender isto, mas cheguei à conclusão de ser uma pessoa matinal. Como exemplo, ainda universitário, descobri que era no início da manhã, digamos entre as 5h e as 10h, que eu não só tinha maior poder de concentração mas também a capacidade de redigir no meu melhor nível.

Mais tarde, as distrações do dia se tornavam muito mais excitantes, e lá pelas 18h, o que eu queria mesmo era relaxar.

Para algumas pessoas bem-sucedidas, o fato de serem «matinais» se torna uma vantagem quando tomam consciência que, das 7h às 9h, o trabalho não sofre interrupções de telefone ou de e-mail.

Outras pessoas são simplesmente inúteis no período da manhã e só conseguem a concentração total no período da tarde. Não há nada de errado com isso desde que o indivíduo em causa o compreenda. É fácil detectá-los de manhã cedo perambulando nas reuniões de vendas dirigidas pelo gerente, possivelmente apatetados. Esteja ciente disto na próxima reunião que tiver. Dê uma olhada ao redor da sala e avalie seus colegas em três categorias: pessoas matinais, vespertinas ou noturnas. Agora avalie que tipo de pessoa você é.

Pense nisso com cuidado e compreenda que é vital para o sucesso e bem-estar pessoal. Se for uma pessoa matinal e tiver um grande negócio para fechar, agende o compromisso para o período da manhã onde terá a vantagem na venda. Se for como eu, dê um tiro no pé marcando o compromisso para as 17h. Esse é o horário em que começamos a divagar onde será o nosso jantar.

Por outro lado, algumas pessoas gostam de ser *caçadores*, sempre à procura de novas oportunidades de vendas; é o que lhes excita e satisfaz. Para eles pode ser cansativo trabalhar com um cliente já existente. Outros preferem *cultivar* um cliente que já existe, criado por caçadores anteriores, ao invés de buscar as vendas em territórios novos ou em áreas virgens. É necessário avaliar se você é um *caçador* ou um *fazendeiro* e ajustar-se em conformidade. Lembre-se que ambas são habilidades valiosas.

Lembre-se também que colegas bem intencionados (e clientes, em menor grau) podem ser inconscientes *ladrões de tempo* em horas cruciais de seu dia de trabalho, como quando estiver fora da zona de melhor desempenho. Como exemplo, no período da tarde um colega matinal pode relaxar e querer conversar (e atrapalhar o colega cujo melhor tempo de desempenho é à tarde). Certifique-se de que você não faz parte dos ladrões de tempo e, o mais importante, não se torne um.

Pequena indústria suja.

No meu tempo, conheci socialmente algumas pessoas que me alertaram, com alguma convicção, que «consideravam» os serviços financeiros e de prestação de assessoria financeira para particulares como «uma pequena indústria suja». É raro alguém dizer que pretenda ser, no futuro, um vendedor de seguros ou consultor financeiro - sei que eu pelo menos nunca o pretendi. Espero que no fim da minha carreira em serviços financeiros, essas pessoas que compartilharam comigo essa sabedoria preciosa, compreenderão o quão errados estão a respeito do serviço que podemos oferecer.

Escrevo isso num momento em que consultores financeiros perderam suas honrosas posições entre as cinco ocupações mais antipatizadas e insultadas do Reino Unido. Compartilhavam nessa classificação com os corretores de imóveis, os vendedores de vidros duplos, os vendedores de carros usados e os advogados «perseguidores de ambulâncias» (profissionais à procura de clientes vítimas de acidentes). Essas ocupações estão agora sendo usurpadas pelos banqueiros e políticos que estão disputando os primeiros lugares. Na verdade, com a crise do crédito, com a recessão e com as despesas escandalosas dos políticos, eles ocupam agora o primeiro e segundo lugar dessa lista e muitos vão passar um ano feliz como alvo de piadas ridículas e mordazes. «Aproveitem a experiência» é tudo o que posso oferecer como orientação.

A Câmara dos Comuns introduziu no uso comum a palavra «*redact*» (cuja tradução para o português é «editar»). Significando: *Preparar para publicação, edição ou revisão* para divulgar publicamente as despesas dos deputados omitindo as partes podres. Será que esta farsa nunca vai acabar? Ou eu deveria «editar» esse comentário? A palavra «*redact*» tem sido usada no idioma inglês desde os tempos medievais (1350-1400 dC) quase ao mesmo tempo em que apareceu a palavra «expenses» (em português, despesa) pela primeira vez. Talvez isto esteja acontecendo a muito mais tempo do que imaginamos; na história das palavras em inglês, «expenses» e «redact» assentam confortavelmente entre «Parliament» (Parlamento) (1250-1300 dC) e «recession» (recessão) (1640-1650 dC).

Infelizmente, é possível que o fim da confiança nos nossos líderes políticos vá permitir que outros grupos políticos mais radicais se manifestem no Reino Unido e na Europa. Esses grupos, ao ganhar respeitabilidade, podem disfarçar seus pontos de vista e, eventualmente, conduzir-nos à direção errada. Este pode ser o custo real dessas despesas escandalosas.

Na realidade, fornecer consultoria financeira de boa qualidade pode ser a mais gratificante das carreiras disponíveis, se for exercida corretamente. Isto se deve em parte ao trabalho em si e, principalmente, porque as pessoas são fascinantes e conhecê-las é uma grande diversão na estrutura reguladora do Reino Unido.

A regulamentação não é nenhuma novidade e é útil para a proteção das partes. A regulamentação dos serviços financeiros chegou para ficar e seu peso só vai aumentar à medida que a necessidade de pareceres se expanda. Este não é um problema e deve ser adotado, porque é parte natural de todas as esferas da vida.

E o mais importante, você está ajudando os clientes a alcançarem as suas aspirações, tanto agora como no futuro no longo prazo. Lembre-se disso ao ler as páginas seguintes. É como sentar-se à mesa com alguém que não conhece, numa festa de casamento e enquanto desfruta da refeição, aprende a compreendê-lo. Seu trabalho é feito com satisfação ou você se chateia? Essa é a sua chamada.

A vida tem a ver com expectativas, o que se faz delas e o que se deseja alcançar. Ao longo da vida você receberá lições em todos os tipos de assuntos - mas a combinação destas com as experiências práticas de usar este aprendizado daí em diante é que vai atender às suas expectativas iniciais e com um pouco de sorte, superá-las.

O próximo capítulo é sobre minhas experiências e fornece algumas histórias de um viajante sobre sua jornada.

Capítulo 2 em poucas palavras

Desenvolva continuamente suas habilidades de venda. A pessoa que pára de aprender e de se desenvolver, fica em desvantagem!

Entenda não só o que realmente o motiva mas também o incomoda. Isso é essencial para seu futuro em serviços financeiros.

Leia ambos: Novamente. Como motivar empregados? De Frederick Herzberg Irving e Uma Teoria da Motivação de Abraham Maslov

O aconselhamento financeiro é uma das carreiras mais gratificantes e satisfatórias, se você se esforçar convenientemente. Você é limitado somente pelas próprias expectativas.

Assine aqui, aqui e aqui!...

3. Aquilo que não pode ser ensinado, apenas vivenciado

Minha jornada começa em Leatherhead, em uma fria manhã de dezembro de 1985 e nos transporta para os dias atuais. É muita milhagem em um quarto de século em vários setores nos serviços financeiros para particulares. Qualquer que seja sua opinião política sobre Margaret Thatcher, tenho a certeza que ela estaria orgulhosa de mim: foi seu regime que expandiu o Reino Unido a partir de uma base industrial para uma economia baseada em serviços, incentivando investimentos pesados no setor de serviços financeiros. No clima econômico atual, esta mudança significativa pode não ter sido a melhor - no entanto, em retrospecto, foi maravilhosa.

Para colocar esses pensamentos no contexto, lembra-se do final de 1985? Aqui estão alguns lembretes:

- Os presidentes Mikhail Gorbachev, da União Soviética e Ronald Reagan, dos Estados Unidos tiveram a primeira reunião vital em Genebra para criar um «mundo mais seguro».

- 60 pessoas morreram em um avião da Egypt Air sequestrado em Malta.

- Em dezembro, sucederam-se mais ataques terroristas, em Roma e em Viena.

- Talvez você tenha dançado ao som de Stevens Shakin na festa de Natal do escritório.

- Vendi meu primeiro carro, um Fusca, tornando-me então o orgulhoso proprietário de um Triumph TR7 branco, enferrujado e conversível – com um vazamento no teto.

Ativada a memória com essas dicas aleatórias, percebemos a velocidade vertiginosa, mas sustentada, com que o mundo e sua economia se desenvolveram nos últimos 25 anos.

É irônico verificar que, durante a redação desse livro, os presidentes Medvedev da Rússia e Obama assinaram um programa de redução de armas nucleares. O que vai, volta! Que tal marcarmos um encontro em 2034 na próxima rodada dos Acordos de Não Proliferação de Armamentos?

Começo esta jornada através dos serviços financeiros, afirmando que é importante reparar no que não pode ser ensinado, apenas vivenciado. É um grande privilégio trabalhar com clientes e suas finanças e envolver-se em suas complexidades e segredos mais preciosos. Que outra carreira lhe oferece a oportunidade de conhecer uma pessoa nova, geralmente várias em uma semana e, 10 minutos após a apresentação, bombardeá-la com perguntas pessoais sobre tudo, como salário, saúde, rendimento dos parceiros, filhos e assim por diante?

Amantes secretas (e não tão secretas), parceiros, contas em bancos suíços, doenças graves, morte, divórcio, nascimentos, contas desconhecidas - tudo vem à tona no nosso interrogatório. Este envolvimento é um verdadeiro privilégio e uma honra – além de ser uma grande responsabilidade profissional e pessoal cuidar do meu cliente e de seu futuro.

Aproveito esta oportunidade para agradecer aos meus clientes - passados, presentes e futuros - em primeiro lugar pela confiança depositada em mim, mas também por compartilharem suas vidas comigo e permitir minha ajuda.

Não importa em quantos treinamentos de vendas e *coaching* você participa e a quantos exames se sujeita, o tempo e a experiência vão absorver a carreira de qualquer um. Nada pode prepará-lo para o momento em que um cliente perguntar sobre *você* e não sobre eles. A experiência se torna altamente satisfatória quando o relacionamento ao longo dos anos dá uma guinada e no lugar de lidar só com o seguro e com o plano de aposentadoria da pessoa nos transformamos em amigos e confidentes.

O que tenho observado é que as pessoas e clientes mais bem sucedidos não estão focados na riqueza. O dinheiro não era a motivação deles. Alguns nasceram ricos, alguns tinham poupanças pessoais, enquanto outros, não. No entanto, os poucos que obtiveram sucesso, conheciam o ofício ou profissão exercidos, tornaram-se especialistas e trabalharam exclusivamente nessa área. Sua riqueza não foi gerada a partir do desejo de ganhar dinheiro; foi uma consequência do desejo de se destacar no campo escolhido. O dinheiro foi puramente um agradável subproduto decorrente da produtividade e do foco.

Não interprete mal esta última afirmação. Somos todos muito diferentes e tratamos nossas finanças com a mesma diversidade. Conheci clientes que cuidam de cada centavo, que guardam dinheiro 24 horas por dia.

Tive uma cliente, Dorothy, recém aposentada, detentora de um capital significativo investido numa carteira de ações pessoalmente escolhidas por ela. Dorothy gozava de boa saúde e foi um tanto austera na abordagem. Tinha uma casa mal decorada; sentei-me no salão, em uma cadeira bastante frágil, estilo anos 50 que estava sobre um tapete vermelho surrado. Tendo em conta que o tapete e a decoração não haviam sido mudados nos últimos 30 anos, esta situação foi bastante conflitante e de certa forma surpreendente. No passado, Dorothy ocupara um cargo importante no trabalho e tinha uma renda à altura do cargo. Ela não conseguia fazer um contato visual comigo, pois assistia em tempo real ao movimento de suas ações no plasma brilhante de 50 polegadas que dominava a parede decorada com papel dos anos 70. Será que isso realmente fazia sentido? Que tipo de vida ela estava planejando para a aposentadoria? Será que não passara do ponto?

Deixe-me dissipar qualquer dúvida, a resposta é *sim*. A realidade da vida *tinha* lhe escapado! Sua finalidade tornou-se a geração de dinheiro, ao invés das recompensas que o dinheiro poderia lhe fornecer. Eu entendo que algumas pessoas prefiram viver modestamente - mas este não era o caso aqui.

Para alguns clientes, a renda, *consequência* decorrente da labuta, parecia ser uma surpresa e uma espécie de novidade ao invés do reconhecimento esperado pelo trabalho duro. Esses clientes decidiram cedo na vida tornar-se bons na profissão ou no comércio e desde então mantiveram a *cabeça baixa e o as mangas arregaçadas.* Só valorizaram realmente o que tinham acumulado, ao rever as finanças e vir seus ativos surgirem. Este não era o objetivo e isso não os perturbou; tudo o que queriam então era que outra pessoa gerenciasse os frutos de seu trabalho para que pudessem continuar a fazer o que sempre fizeram.

Experiências compartilhadas

Pretendo compartilhar com você as diferentes situações e cenários de venda, sérias e divertidas ao mesmo tempo. Estas são situações boas, ruins e diferentes que não podem ser ensinadas; elas têm de ser vividas para ajudar a compreensão e, com um pouco de sorte, acionar conquistas ainda maiores. Acredito que este livro vá, em alguns pontos, tocar suas experiências pessoais passadas ou ainda a desfrutar, o que fará você pensar: «Ah sim! Isso aconteceu comigo também!» Ou « Eu pensei que fosse só comigo!»

Quem me conhece sabe que posso ser um pouco cínico e um tanto mordaz, mesmo nos melhores dias. Por que? Não peço desculpas por isso, porque fornecer consultoria financeira é uma experiência bastante «*crua*» e precisa ser trabalhada com compreensão, cuidado e também com determinação.

O que quero dizer com isso? Faça a si mesmo a seguinte pergunta: você é um consultor, um conselheiro ou ambos? *Sim, um bom conselheiro é um bom consultor ao mesmo tempo.* Ambos deveria ser a resposta. Planeja o futuro das pessoas e as mantém na linha? Sim! é a resposta. Esforça-se para satisfazer suas aspirações e esperanças? *Sim!* Você tem que desafiar equívocos e impossibilidades? *Sim!*

Isso tudo acontece em um só dia de trabalho para um bom consultor financeiro. Devido à turbulência econômica que a maioria das pessoas tem sofrido, este trabalho tem se tornado cada vez mais relevante nos últimos anos. O benefício em saber que você está lá para apoiar as necessidades e preocupações dos seus clientes nunca foi tão importante.

Tome isto num estágio mais avançado.

Um cliente em potencial ligou para marcar uma reunião para discutir o planejamento da sua aposentadoria. Foi a primeira vez que vi Terry, um advogado no final da vida profissional. Reunimo-nos ao longo de duas horas para discutir tudo sobre suas necessidades e de sua família. Em casos como esse, você tem que testar a compreensão que Terry tem de si mesmo, derrubar quaisquer inconsistências encontradas e compreender seus planos para o futuro. Os limites normais de temas de conversas desaparecem enquanto se faz uma viagem de mútua descoberta, geralmente sem uma bússola moral ou de qualquer tipo.

Clientes o levarão a uma viagem multiforme e às vezes fascinante. Você vai precisar anotar todas essas informações vitais e pessoais e regurgitá-las ao cliente por escrito, junto com as recomendações financeiras, para atender às exigências dele.

Alguns clientes ficam esgotados com o processo de escavação dos pensamentos mais íntimos e psique, aspirações e necessidades - e às vezes eu também fico - apesar da satisfação que o processo possa oferecer. Na realidade, isto é necessário para alcançar um bom resultado que vai resistir ao teste do tempo. Você se torna insensível enquanto faz perguntas difíceis e então, os limites sociais que eram observados no passado podem desaparecer.

Não há nenhuma qualificação ou exame que possa lhe ensinar isso: só o tempo e a experiência.

Essa forma crua com que naturalmente se ultrapassa limites pessoais pode revelar-se constrangedora em situações sociais. Bebendo com amigos, pode esquecer-se que não está no trabalho e, inadvertidamente conduzir a conversas francas que culminam com perguntas que você faz sobre os detalhes do salário do seu interlocutor! Isso não é recomendável; acabará descobrindo mais sobre seus amigos do que realmente gostaria.

O preâmbulo de minha jornada termina e visitamos 1985, com o próximo capítulo. Começamos em Guildford, com um assustado adolescente, cheio de espinhas no rosto, que acabara de concluir o Ensino Secundário com duas notas altas somente, perguntando-se se o mundo era sua ostra.

Capítulo 3 em poucas palavras

Qualquer que seja a
profissão ou o ofício
que seguir, concentre-
se e seja um bom
profissional.

Para ser um grande
consultor você precisa
ser igualmente –
consultor financeiro e
conselheiro pessoal

4. A longa jornada de experiências começa

Em 1985, terminei o Secundário com cinco notas médias (*O-level*) e duas máximas (em Artes e em Desenho Industrial). Nossa família mantinha uma forte ética de trabalho e a universidade era uma opção questionável. As notas médias foram obtidas nas disciplinas ligadas às ciências sociais e poderiam ser caracterizadas pelas matérias: Fumantes, Pegadores de Garotas, Produtores Caseiros de Cerveja; já a Sociologia e o Corte de Cabelo no Estilo do Baixista da Banda Kajagoogoo ficaram abaixo da média. O movimento musical e comportamental «Novos Românticos» (*New Romantic*) estava em pleno vapor há vários anos, liderado por grandes bandas como Spandau Ballet e Ultravox (No Brasil, o movimento influenciou bandas como RPM, ZERØ, Varsovia, Voluntários da Pátria, dentre outras..).

Na realidade, consegui passar em poucos exames reais - na maioria, obtive uma *ology*! – o que na Inglaterra, jocosamente significa que não era lá um grande aluno. Poderíamos dizer, como se dizia antigamente, que me formei em «Malandragem». Minha nota baixa em Economia era a de Aceitar Dinheiro de Qualquer Um Por Um Litro de Gasolina Para Meu Fusca, que em breve seria substituído pelo Triumph TR7 enferrujado.

Com o arrastar do último ano do Ensino Secundário, os alunos foram encorajados a tomar decisões em relação aos caminhos a seguir após a formatura, para garantir que agregássemos valor à comunidade que estávamos prestes a entrar. Bem, pelo menos esse era o conselho dado pelo professor responsável pela nossa turma. Infelizmente, não consegui eclipsar o famoso pintor e artista britânico David Hockney, pois minha inscrição para continuar os estudos em pintura fora rejeitada. Assim, terminado o Ensino Secundário, decidi ser desenhista.

Apesar de sempre ter amado desenhar, esta ambição não durou muito tempo, como você verá a seguir.

Aos 18 anos, deixar o banco escolar, pela última vez, foi uma aventura assustadora - especialmente após ter decidido que já estudara o suficiente, além do fato da universidade não ser realmente viável naquele momento. Chegara a hora de encarar a realidade e conseguir um emprego. Eu tinha que sustentar minha socialização noturna de alguma forma e começava a perceber que meu saldo no «Banco do Papai» minguava.

Esta é outra das *encruzilhadas de oportunidades* da vida, onde é preciso tomar decisões sobre o futuro. Tendo em conta que as decisões tomadas até então eram tão difíceis como «A quais festas iria durante o fim de semana e em que ordem?» a decisão de conseguir um emprego era de longe o dilema mais importante enfrentado até então.

Desenhando belos quadros

Após ter escrito cinquenta cartas diferentes para conseguir um emprego, finalmente, no verão de 1985 garanti minha primeira colocação como Desenhista Trainee em East Molesey. Fiquei emocionado (no início pelo menos) só em pensar que iria projetar coisas e criar novas ideias.

Era a primeira vez que teria que fazer longos trajetos diários e percorrer aproximadamente 32 quilômetros pela auto-estrada A3.

Na realidade, minha tarefa era desenhar partes de edifícios. Odiei aquilo! Trabalho chato, pessoas comuns, com o programa CAD tão próximo! E o pior de tudo era minha completa antipatia por computadores naquela época (como os tempos mudaram!); parecia uma tarefa ingrata com um potencial limitado.

Para colocar a questão do computador em perspectiva, a Microsoft estava prestes a lançar o Windows 1.0, mas só o fez meses mais tarde, mais precisamente, em novembro de 1985. A gestão financeira pessoal não estava indo bem naquele tempo, pois meu salário era o suficiente para cobrir as dívidas do cheque especial, o que zerava minha conta corrente logo no dia do pagamento! Algo tinha que mudar, e mudou. Três meses após ter começado a trabalhar, a empresa decidiu transferir-se para Hampshire, Londres e meu trabalho iria junto. Eu tinha que mudar para Londres ou deixar a empresa. Não foi uma escolha difícil e essa se tornou a primeira das duas vezes em que fui demitido do trabalho na vida, ou as primeiras *encruzilhadas de oportunidade* como prefiro chamá-las.

Ser demitido é uma experiência estranha. Tem um poder positivo e revigorante que permite redirecionar o foco para aquilo que se queira fazer e alcançar; por outro lado, aos 18 anos, faz perceber que nossas ambições foram abaladas. Eu não fazia a menor idéia do que queria fazer, além de sempre saber que queria ser desenhista, e isso era chato!

Roger, meu pai, era gerente de um banco local; tinha sido bancário desde menino. Nós, como uma família, crescemos com o banco como pano de fundo, mudando de cidade em cidade a cada sete anos, ou por volta disto, para acompanhá-lo na sua última nomeação.

«Ingresse num banco!», exclamou, acho que no desespero de evitar que eu me tornasse um dreno para suas finanças após a perda do meu emprego.

«Tudo bem», balbuciei de mau humor, mas não no seu Banco! «Vou me virar sozinho».

Você vai notar minha teimosia no decorrer deste texto. Pode observar que a teimosia, com o passar do tempo, simplesmente se transforma em cinismo.

Como um aparte, a agência em que meu pai trabalhava tornou-se, anos mais tarde, um restaurante de Jamie Oliver. Ainda assim, pelo menos, não é uma enoteca da moda!

Banco comercial

De uma hora para outra, consegui um novo emprego em um banco local.

Em 1985, numa manhã de sexta-feira deixei o trabalho de desenhista em East Molesey e na segunda-feira tornei-me Assistente de Nível 1 em um banco na rua principal de Leatherhead. Pelo menos o trajeto para casa era mais curto.

Minha primeira semana foi ótima e incluiu uma festa de Natal no escritório. Era uma festa institucional, com jogos no final. Tenho a certeza de que fantasiar de mulher o Gerente Assistente com batom vermelho brilhante, não ajudou minhas perspectivas de carreira, mas eu estava sob as ordens do mestre-de-cerimônias, portanto sem condição de discutir. Dançar ao som da música de Shakin Stevens *Feliz Natal a Todos* logo desviou a atenção geral.

Esse pode ter sido um dos primeiros anos em que joguei Trivia enquanto me empanturrava com uma torta de carne moída e assistia ao discurso de Natal da Rainha.

Bem, isso não vai nos ensinar nada, mas foi nesse Banco que conheci um colega que mais tarde iria influenciar meu futuro profundamente. Algumas pessoas guiaram meus pensamentos e planos para o futuro, não todos de forma positiva. Este colega foi um deles.

A principal vantagem em trabalhar em uma pequena agência bancária foi a exigência de aprender várias funções, o que não teria acontecido em agências maiores. Outra vantagem, foi a de ser promovido vertiginosamente, num curto espaço de tempo, a Supervisor de Grau 2.

A desvantagem era que a maioria das pessoas estava lá há anos e tornara-se obsoleta.

«Eu não vou fazer isso, não faz parte do meu bendito trabalho!» Foi a resposta do caixa quando pedi-lhe «uma mãozinha» na segunda semana.

Ótimo pensei, obrigado por nada! Prometi a mim mesmo que se eu me pegasse proferindo aquela frase, com a intenção de dizê-la, teria de deixar o banco; o que nunca passou pela cabeça é que também poderia me transformar em um *burocrata*. Eu realmente nunca havia presenciado esta atitude antes e não me sentia à vontade com ela.

Olhando para trás agora, isso me faz perceber que eu já tinha aspirações e parâmetros e que já estava posicionado para subir na vida.

Enquanto o tempo passava, minha experiência bancária aumentava, embora algumas tarefas ainda exigissem muito esforço de minha parte. Rupert, o gerente da agência, estava no final de sua carreira. Era um cara legal, gentil e bem informado do seu jeito. Como eu tinha sido recém treinado como Supervisor, solicitou que eu abrisse uma conta corrente para um cliente. Bem, eu tinha sido treinado duas vezes neste procedimento e ainda não tinha entendido como fazê-lo. Com 19 anos de idade e recém-promovido, admitir a derrota no primeiro obstáculo não parecia ser uma boa opção, então eu disse: «OK!» O gerente me entregou um cheque do cliente para que eu iniciasse uma conta.

Estávamos ocupados e o cheque ficou lá, trancado cuidadosamente na gaveta superior da minha mesa, durante toda a manhã, para ser depositado. E continuou trancado durante a tarde, depois no dia seguinte e seguinte. Um dia depois, talvez dois, chegaram mais alguns cheques. Finalmente, o gerente me chamou e pediu para que eu me sentasse.

«Tenho mais um cheque para a nova conta. Aqui está, dê uma olhada.» O sentimento de derrota foi esmagador, mas continuei sorrindo: «OK, vou lidar com isso».

«Vire-o,» pediu.

No verso do cheque havia uma mensagem para o gerente, solicitando que a conta fosse aberta. O bilhete dizia: «Rupert, a conta não foi aberta ainda. Investigue para mim o que aconteceu, por favor. Obrigado, John».

Acontece que John, como descobri depois, era o Gerente Sênior de todo o grupo e era chamado de «O Insensível de Surrey».

«Existe algo que você queira me dizer, Keith?» O gerente perguntou. Meu rubor combinava com o tapete carmim. O papel de parede listrado brilhante me fazia sentir cada vez mais como se estivesse preso numa gaiola sinistra enquanto remoía meus erros.

«Hum, sim! Acho que devemos avançar com essa conta» respondi timidamente. Sentia-me realmente como se fosse um cordeiro sendo levado para o matadouro.

Levei um «sermão» rápido e justo e, como era de se esperar, minha formação adicional foi consideravelmente mais eficaz. Nunca mais me atrasei com os cheques, posso garantir.

Dois anos mais tarde, quase no mesmo dia, eu disse aquilo. Eu não podia acreditar que tivesse vindo de mim.

«Eu não vou fazer isso, não faz parte do meu bendito trabalho!» Rosnei, referindo-me a algum assunto trivial que precisava resolver, mas que estava claramente abaixo do cargo que eu ocupava. Desde quando tinha o rei na barriga? Ou melhor, desde quando era *Lord Muck*? (como se diz na Inglaterra para um homem comum que age como se fosse um aristocrata).

De repente, uma luz interior se acendeu, de forma suficientemente clara para que eu pudesse enxergar – e creio, para os outros também. Eu não tinha o direito de fazer esse comentário ou ter essa atitude e com certeza não queria que tivesse sido eu a pronunciar essas palavras.

O tempo que passei no banco tinha sido útil e um bom ponto de partida. Aprendi a disciplina administrativa (infelizmente sempre útil, mas um tanto chata), encontrei clientes, atendi-os e obtive a primeira venda na carreira - uma apólice de viagem anual para uma viúva idosa. Foi um sentimento maravilhoso.

Minha carreira de vendas começara!

Naquela época, o mundo era diferente. Não havia sites de comparação ou mesmo uma Internet facilmente disponível, de modo que os clientes não ficavam rodando por aí para pesquisar os melhores negócios. Eles simplesmente visitavam o banco e inscreviam-se. O prêmio da apólice era tão alto que representou de uma só vez o objetivo anual da agência com relação aos seguros de viagem. Uau!

A gerência ficou encantada.

Esse sentimento de sucesso e gozo de fazer contato com o cliente permaneceu comigo. Embora estivesse com pressa de deixar para trás a atitude que tivera no banco, o futuro demostrou que meu trabalho seguinte viria a ser um passo errado na carreira. Somente a experiência pode ensinar-lhe isso, infelizmente.

Na atividade seguinte fui administrador de um grupo hipotecário em Hampshire. Acho que foi o medo em me tornar um *burocrata* que estimulou essa mudança e não as perspectivas de um novo empregador.

O primeiro dos dois passos errados da carreira estava em vias de ser dado.

Capitulo 4 em poucas palavras

Uma demissão pode parecer um momento desesperado. Considere-a uma oportunidade na encruzilhada para re-focar no que deseja alcançar

Qualquer que seja seu papel, saiba a hora de sair.

Não se iluda. Se você estiver no trabalho errado, saberá que é errado.

5. É esse o caminho para um futuro em serviços financeiros?

Administração de Hipotecas

Eu não vou me deter por muito tempo nesse passo que dei na carreira. Ele teve o benefício de me ensinar o que eu curtia num emprego: o contato com o cliente, não as tarefas administrativas. Você, só você, sabe o que lhe agrada no cargo que ocupa - e é seu sentimento visceral (geralmente seu primeiro sentimento) que é capaz de lhe revelar isso.

Trabalhei com um gerente que, apesar de ser um pouco irritante, era perfeito para detectar o *sentimento visceral* de um caso ou de uma situação de venda e ainda se esta daria frutos. Na minha opinião, esta era uma combinação de intuição e experiência que, em conjunto, ajudava na compreensão do potencial de sucesso. O importante aqui é a capacidade e preparo em compartilhar esta combinação com qualquer um disposto a ouvir e utilizar essa mensagem para melhorar a experiência de venda de todas as partes envolvidas. Tive bastante sorte para aproveitar esta mensagem no inicio da carreira. Logo descobri que prestando atenção a essa intuição, é possível observar um incremento nas vendas ao se aplicar os mesmos métodos no processo.

Aos 21 anos, não estava preocupado com o que fazia nem com o que não queria de um emprego; eu só me concentrava na necessidade de trocar de emprego para sair da rotina. Às vezes, só após deixar uma função é que tomamos consciência do *prazer obtido* em desempenhar certos papéis. Respondi a um anúncio de um jornal local e pela primeira vez entrei em contato com um consultor de recrutamento.

Essa nova função me foi oferecida num *pub* por um profissional de recrutamento durante uma *happy hour* – dá para detectar alguns sinais de alerta? A empresa de administração contratava pessoas que, por 10 libras a hora, passavam o dia sentadas diante de um computador enviando cartas a devedores hipotecários em atraso. Havia computadores espalhados por toda a parte; acho que até a moça que servia o chá tinha um.

Naqueles dias, devido ao excesso de empréstimos imobiliários, as dívidas e os atrasos começavam a ficar fora de controle, resultando na postagem diária de avisos de inadimplência. Será que esta situação de atraso de pagamento soa familiar no atual clima econômico? Eu ainda tinha muito a aprender. Minha ingenuidade e inexperiência ficaram comprovadas pela falta de questionamento se este novo cargo iria ser bom para mim, ou apenas para *eles*.

Tenho que acrescentar que não houve culpa por parte do empregador, pois meu papel fora claramente definido pelo recrutador. Devido à grande expansão de negócios em um curto espaço de tempo, o empregador decidiu aplicar um processo de produção em massa para garantir que a enorme carga de trabalho fosse realizada. A empresa mantinha equipes e os respectivos líderes para guiar a carga de trabalho de acordo com suas exigências.

Agitações internas eram comuns, geralmente baseadas em questões salariais, pois cada empregado fora contratado em termos diferentes para desempenhar a mesma função. Eu não sou um cara religioso - mas na minha memória isso soa um pouco como a parábola dos Trabalhadores da Vinha. É evidente que estas questões de remuneração, benefícios e condições não são nada novas.

Em um mês, eu estava mais uma vez «batendo perna» à procura de trabalho, dessa vez tendo em mente o contato com clientes *e* vendas. Eu tinha identificado que sentia a falta da interação com o cliente e das vendas e este foi outro ponto de aprendizado pessoal. Este foi o esclarecimento que eu precisava antes de desempenhar outro papel.

Meu irmão trabalhava como fiscal trainee em uma rede de agências imobiliárias e o negócio estava «bombando». Ele me avisou que a empresa onde trabalhava estava à procura de corretores trainees de hipotecas; como eu estava me tornando um homem financeiro, poderia ser uma oportunidade. Candidatei-me, e em abril de 1988 comecei como corretor estagiário de hipotecas em Surrey. . . pouco antes do fim do boom imobiliário de 1988-89 e do início da recessão de 1991!

A experiência valeu à pena? Sim, e lá permaneci durante seis anos.

A era dos Novos Românticos acabara (tanto a banda Spandau Ballet, quanto a Ultravox tinham se desfeito) e no verão de 1988 a banda Bros conquistou o gosto do público com a música *I Owe You Nothing* (*Eu Não lhe Devo Nada)*, bem adequada pensei ironicamente, considerando a quantidade de empréstimos hipotecários que estavam sendo concedidos. Em junho presenciamos o desastre *Piper Alpha* – a explosão da plataforma de petróleo do Mar do Norte que matou 168 pessoas.

Corretagem de hipotecas

Juntei-me à indústria na mesma época em que os mercados hipotecários e imobiliários estavam se tornando frenéticos. Isto foi em parte alimentado por Nigel Lawson (Ministro do Tesouro na época) ao anunciar no Orçamento da Primavera de 1988 que a dupla isenção do juro hipotecário na fonte (*double MIRAS, Mortgage Relief Interest Relief at Source*) estava sendo retirada. A isenção valia aproximadamente £60 (sessenta libras) (aproximadamente R$ 163,00) por mês para cada candidato à hipoteca ou comprador da primeira casa; isto era muito dinheiro e foi, até certo ponto, impulsionando os preços do mercado de propriedades residenciais para a estratosfera.

Para os candidatos de hipoteca conjunta esta isenção fiscal significava cerca de £120 (aproximadamente R$327,00) por mês. Se alguém lhe disser que o Orçamento não causa um efeito imediato sobre a economia, então continue lendo. O mercado imobiliário e a economia do Reino Unido tinham enlouquecido!

Tão rapidamente quanto leva para a filha de Nigel, Nigella Lawson (conhecida no Brasil pelo programa culinário que passa na televisão) a quebrar um ovo, meu pai, sentado num sofá de couro tipo *Chesterfield*, afirmou erguendo os olhos no momento em que Nigel Lawson terminou de ler seu discurso sobre o Orçamento: «Você e John [meu irmão] vão morar sozinhos!» com um sorriso irônico no rosto.

Engoli em seco. Meu saldo no «Banco dos Pais» estava prestes a terminar e o banqueiro estava querendo fechar minha conta corrente.

Um depósito de dez por cento para a compra de uma moradia foi rápida e milagrosamente conseguido a partir do nada. Era um empréstimo, é claro, pois meu pai ainda era um gerente de banco e eles não estão interessados em oferecer presentes! Meu irmão e eu, aos 21 anos, fizemos uma proposta por uma casa em Guildford, três dias após o anúncio do Ministro, a um preço acordado de £66.000 (aproximadamente R$160.000,00) em março de 1988.

O mercado estava começando a se movimentar muito rapidamente; enviamos cartas aleatoriamente a proprietários de casas perguntando se queriam vendê-las. Em 24 horas, obtivemos uma resposta por telefone e nos mudamos logo após a garantia da hipoteca e uma rápida troca de contratos. Estávamos no mês de junho. Em quatro meses a casa valorizou 20 por cento. Nós, assim como milhares de outros candidatos, esforçamo-nos ao máximo para conseguir nossa propriedade a tempo de obter o benefício da isenção do juro hipotecário que terminaria em agosto.

Permaneci nessa casa, durante aproximadamente oito anos, e vendi-a por somente £66.000 (aproximadamente

R$160.000,00). Quando os preços das casas caem, como tem acontecido nos últimos anos, não vá me dizer que esse filme não foi visto antes!

Minha carreira em finanças evoluía bem e, naquela época, eu tinha recém assumido o cargo de Corretor Junior de Crédito de Habitação. Creio que «administrador» teria sido mais preciso, não só devido aos níveis de aplicações e ao crescente volume de trabalho, mas também pela falta de tempo disponível para ser treinado. Tal como com outros consultores, havia candidatos fazendo fila para assegurar a compra da primeira propriedade antes que a porta da isenção fiscal fechasse – fato que ocorreu de forma retumbante. Eles precisavam tirar proveito da abundância enquanto estivesse disponível. Entretanto, surgiu eventualmente tempo para o treinamento e depois de três meses consegui minha primeira venda de hipoteca. Excelente!

Para inserir no contexto a valorização da venda de propriedades do final dos anos oitenta: em 1987 o Partido Conservador, sob a liderança da Senhora Thatcher venceu as Eleições Gerais e esta nova administração prometeu cortes nos impostos. Coube a Nigel Lawson cumpri-lo. Durante dois Orçamentos (1987-88) ele baixou as taxas de imposto de renda de 29 para 25 por cento, enquanto a taxa máxima foi reduzida para 40 por cento. Essa diminuição da taxa máxima do imposto de renda durou até 2009 com Alistair Darling alterando-a para 50 por cento a partir de 2010.

Nos planos de Nigel Lawson para o Orçamento de abril de 1988, entende-se que ele acreditasse na desaceleração da economia num ritmo significativo – apesar de também ter projetado um superávit no futuro, o que justificaria o corte de imposto de renda e preencheria os requisitos legais. Esse porém, não foi o caso. O crescimento econômico se acelerava e os cortes nos impostos e nas taxas de inflação provocaram um grande impulso no mercado imobiliário, com aumento excessivo dos preços no decorrer de 1988. Em alguns meses, a taxa de juros dobrou e a inflação subiu bruscamente.

A queda do mercado imobiliário começou logo após as compras desenfreadas provocadas pelo iminente fim da isenção fiscal do juro hipotecário, no Outono de 1988. Alguns colegas que permaneceram para desfrutar o boom deixaram a indústria; algumas organizações que tinham comprado redes de agencias imobiliárias liquidaram seus negócios ao perceberem que os lucros até então obtidos não existiam mais e possivelmente não voltariam rapidamente.

Estas mudanças separaram os homens dos meninos e aqueles profissionais que iriam resistir ao teste do tempo começaram a mostrar seu brio.

Capítulo 5 em poucas palavras

Pesquise seu consultor de recrutamento, bem como o emprego que está sendo oferecido. A adulação de um inadequado consultor de recrutamento é uma tática barata de empregar candidatos, onde for possível, em troca de pagamento.

A vida é um trabalho duro; supere e vá em frente!

6. O aspecto variável dos requisitos regulatórios

O novo trabalho ia bem, com uma fila enorme de candidatos ao crédito imobiliário a atravancar o escritório, cujo aspecto era um tanto gasto. Meu chefe fazia a venda e eu assumi a administração, com uma pequena pausa para comer um sanduíche na hora do almoço. A lanchonete local preparava enormes sanduíches frescos, por encomenda, com qualquer recheio que se pudesse imaginar. Eram fantásticos.

Este emprego foi anterior à Lei de Serviços Financeiros (*Financial Service Act - FSA*) de 1986 que em meados de 1988 entrou em vigor juntamente com a introdução de vários estatutos reguladores, como os da Associação dos Gerentes e Corretores Financeiros Intermediadores (*Financial Intermediaries Managers and Brokers Association - FIMBRA*) e da Organização Reguladora de Seguros de Vida e Unidade Fiduciária (*Life Assurance and Unit Trust Regulatory Organisation - LAUTRO*).

Estes estatutos e algumas atividades de outros órgãos reguladores, como a Organização Reguladora dos Gestores de Investimento (*Investment Managers Regulatory Organisation - IMRO*) e a Autoridade de

Valores Mobiliários e Futuros (*Securities and Futures Authority - SFA*) foram substituídos em 1994 pela Autoridade de Investimentos Pessoais (*Personal Investment Authority - PIA*).

Posteriormente, em dezembro de 2001, a Autoridade de Investimentos Pessoais (PIA) foi substituída pela Autoridade de Serviços Financeiros (*FSA*). A Autoridade de Serviços Financeiros exerce seus poderes através da Lei dos Serviços e Mercados Financeiros (*The Financial Services and Markets Act*) de 2000 como uma Lei Parlamentar e continua a regular o seguro, as empresas de investimento e os serviços bancários do Reino Unido.

Houve muitas mudanças regulatórias durante este período, desafiando gerentes e consultores a continuar competitivos perante esta significativa turbulência regulatória. Pessoalmente, isso me deu a vantagem de ver os vários aspectos da regulamentação dos serviços financeiros, antes de crescer com a carga das responsabilidades cada vez maior. Esta foi uma vantagem porque permitiu meu entendimento sobre a legislação desde o início, ao invés de ser arrastado mais tarde na minha carreira. Sou grato pelo entendimento precoce das regras e da ética das exigências regulamentares.

As regras e a conformidade de qualquer negócio existem para proteger o consumidor final. Além disso, se o trabalho de boa qualidade e as vendas forem incentivados, também oferecem forte proteção para o proponente da venda e para seu consultor ou vendedor. A conformidade é uma boa prática comercial e não uma tarefa entediante e deve ser adotada em todos os pontos de vendas por ambos: pelo cliente e pelo vendedor.

Antes das alterações regulamentares de 1988, muitas empresas não mantinham processos robustos de venda. Isso inclui a necessidade de manter arquivos com dados completos de clientes ou Termos de Negócio padrão. O que levanta a seguinte questão: o quanto é necessário conhecer o cliente para fornecer o conselho correto? Havia também uma regulamentação limitada para os chamativos folhetos publicitários que detalhavam o desempenho numérico das diversas companhias de seguro nas performances de investimento. Não seria certamente razoável um retorno anual de 15 por cento para qualquer apólice de alto custo? Como o tempo tem demonstrado, este não é o caso.

As companhias de seguro e os bancos comerciais começaram a se concentrar nos seus modelos de distribuição e as formas com que poderiam manter e aumentar as vendas e volumes, tanto em termos de renda como de clientes. A compra de agências imobiliárias e a colocação de corretores hipotecários no maior número possível de agências permitiram uma rota conveniente de vendas para os produtos de seguro de uma empresa que, de certa forma, (tendo em conta os volumes de vendas na época) era bem sucedida. No entanto, verificou-se que este modelo de negócio exigia esses volumes inflados *como um padrão*. Com o fim dos benefícios fiscais que fizeram com que a bolha imobiliária estourasse e com a recessão que se seguiu de 1989-90 em diante, esse modelo deixou de ser sustentável. Eu tinha acabado de me estabelecer como consultor hipotecário e os seis anos que se seguiram foram de sucesso, ao longo e depois da recessão.

Os benefícios fiscais vieram, e se foram. A conformidade e os novos estatutos reguladores vieram e ficaram.

Após o treinamento, foi recrutado um novo corretor hipotecário júnior para substituir-me e fui transferido para o interior da Região Sul, a fim de iniciar as vendas numa nova agência, na fronteira de Surrey e Berkshire. Esta transferência foi fortuita, pois como os valores das propriedades eram altos, os valores das hipotecas para os compradores, também. Nessa época, o ramo imobiliário ainda estava crescendo, mas no Outono de 1988 e no início de 1989 estava prestes a rebentar. Como minhas funções eram desenvolvidas no escritório, vivenciei 18 meses de uma rotina maçante antes que um corretor hipotecário sênior se demitisse de outro escritório com um volume maior; a empresa precisava preencher a lacuna rapidamente. O «cálice envenenado» que já fora a agência de maior sucesso da Região Sul era agora meu.

Esta foi uma grande oportunidade - no entanto, sempre vale a pena lembrar que mesmo as melhores promoções, que parecem ser um mar de rosas, têm seus espinhos. É possível que o titular anterior tenha depenado o banco em cada centavo um pouco antes da sua chegada, transformando em deserto o que tinha sido uma área de razoável perspectiva. Os aspectos positivos destas situações devem ser compreendidos, pois oferecem valiosos pontos de aprendizado que podem, no futuro, ser adicionados ao seu arsenal, especialmente se você decidir gerir o próprio negócio. Você certamente aprenderá como gerar negócios a partir de um ponto de partida no mínimo complicado.

Um dos meus colegas daquela época em Sussex havia se tornado um *hacker industrial* e era um verdadeiro profissional em seu papel. Tim, um cara bonitão de quarenta e poucos anos, conversou comigo sobre os benefícios de se manter em forma física (ele corria duas vezes por semana e frequentava uma academia de ginástica sempre que o trabalho o permitisse) numa função de venda, acreditando ser altamente benéfico manter tanto o corpo quanto a mente ágeis. Tenho que admitir que padeço de uma cintura que insiste em aumentar alguns centímetros extras - mas faço o que posso para me manter em forma. E acredito que isso também se reflita na percepção do cliente se você se preocupa consigo mesmo e com o próprio bem-estar, além das finanças dele ou dela.

Fui contratado por alguns clientes especificamente por saberem que lhes vou sobreviver e estar por perto para juntar os caquinhos para a família depois que se forem. Tudo bem por mim, mas me manter em forma ajuda.

Aprendi bem a profissão e circulei por várias imobiliárias como representante associado vendendo hipotecas e apólices relevantes da empresa como suplementos ao contrato de empréstimo. Não havia comissão para os credores hipotecários naquela época como há agora; somente a venda de apólices de seguros contava para a meta de vendas.

As hipotecas eram geradas a partir dos escritórios dos corretores imobiliários. A cada semana acompanhava várias horas de conversas mornas, se não frias, a fim de conseguir marcações e posteriores conversações para as vendas, como exigia o diretor de vendas. A chamada fria era tão intensa que, hoje, passados tantos anos, tenho a audição aguçada no ouvido que apóia o telefone e no outro, ouço muito pouco. Para ingressar na carreira de vendas, é melhor aprender a gostar do telefone e da respectiva interação com o cliente. Esse aprendizado requer prática e para atingir o sucesso é necessário ouvir cuidadosamente as reações e as mudanças de entonação. Ser um perito usuário de telefone gera dividendos.

Uma nota sobre a tecnologia em nossa profissão e para acrescentar uma perspectiva temporal: adquiri um telefone celular pessoal em torno de 1991. Margaret Thatcher deixou o cargo no final de 1990 e a primeira Guerra do Golfo no Iraque terminou na mesma época (fevereiro 1991). Bryan Adams estava prestes a liderar as paradas de sucesso por 16 semanas com (*Everything I Do*) I *Do it for You*, música-tema do filme «Robin Hood».

Ter um telefone celular foi um avanço para muitas pessoas e agradava ao meu patrão poder me encontrar com maior facilidade, mesmo sem pagar um tostão pelo seu custo. Este foi o primeiro da geração em nosso escritório e o telefone utilizava a tecnologia GSM, seja lá o que isso significa. Todos já viram o telefone celular «tijolo» do passado – lembra-se daquele que mais parecia uma bateria de carro do que um telefone?

Mas a nova tecnologia GSM era inteiramente nova, muito menor e mais caprichada e poderia acrescentar, bem simples de usar. O primeiro texto GSM digitado só foi enviado dois anos depois, em 1993. Os avanços nas duas últimas décadas da tecnologia móvel, bem como o aperfeiçoamento e a capacidade de usá-la para vendas, têm sido meteóricos.

O que vem a seguir para a tecnologia em vendas e serviços financeiros? Suas aplicações são limitadas apenas pela imaginação do inventor. É preciso pensar a respeito dos processos e dos objetivos do trabalho que realizamos e ver se algo mais eficiente pode ser alcançado para a indústria ao olharmos as coisas numa perspectiva diferente. Errando, esta é a única maneira de expandir os limites do nosso mundo.

A tecnologia foi uma bênção por permitir que eu encomende o jantar por telefone ao chegar tarde a casa devido a um compromisso tardio. O peixe empanado com batatas fritas sempre tinha um melhor sabor às 21h30min após a assinatura de uma proposta de seguro de vida, apesar de prejudicial à saúde no longo prazo. Na realidade, esta vida de vendas noturnas devastou minha vida social e eu só podia encontrar minha namorada quando e se tivesse tempo. No começo não tinha problema, mas à medida que fui ficando mais velho e comecei a me concentrar no que era importante para mim e para minha parceira, o prazer e até certo ponto, o desejo de vender hipotecas começaram a minguar.

Capítulo 6 em poucas palavras

Adote as mudanças legislativas e os regulamentos pois são constantes. É uma boa prática e servirá para proteger os clientes e o próprio negócio.

Usar o telefone é uma arte que precisa ser cultivada para agendar reuniões que são o início do processo de venda. Se não estiver sentado em frente de alguém, dificilmente conseguirá vender qualquer coisa.

7. Marque sua Posição e Entregue

Não, não se trata de *Stand and Delivery* (em português, *Marque sua posição e entregue*), música da banda inglesa «Adam & the Ants» , embora seja boa; refere-se ao objetivo a cumprir: sua meta de venda.

Em um processo de venda, vale sempre a pena exercer alguma pressão gerencial, desde que esteja bem focada para atingir a meta. As metas de venda são um bicho estranho, na melhor das hipóteses, mas servem para orientá-lo quanto às expectativas que a gestão tem com relação ao seu desempenho (do que se espera de você para cumprir seu objetivo). Se exceder as expectativas de sua meta, você para de vender? *Não!*

Fui promovido: tornei-me gerente regional. Alguém mais já reparou que aceitar uma promoção geralmente significa um volume e uma responsabilidade maiores de trabalho, com uma recompensa menor? Quando sua declaração de renda dos últimos três anos demonstrar que mesmo com a inflação, há uma redução de £ 200 (aproximadamente R$545,00) a cada ano, então o alarme começa a soar - especialmente se não estiver muito preocupado com a renda, em primeiro lugar. O «troféu» de promoção transforma-se muito rapidamente numa Taça de Jogo de Várzea e não tem nada a ver com o pomposo título oficial da função assumida.

Agora, quem está errado aqui? A resposta tem que ser *eu*. Mas por que?

Eu não compreendera claramente a seriedade da nova função e não tinha negociado muito bem. Enganei-me novamente, mas repito, estes são pontos valiosos de aprendizado que foram usados em negociações futuras na minha carreira.

Há momentos em que alguns gestores, ao invés de apenas entender a questão da venda, prefiram estudar os dados para melhorar a performance de sua equipe. Os dados estudados são geralmente os «*Indicadores Chave de Desempenho*» que nas mãos de um indivíduo experiente podem ser muito valiosos.

Pessoalmente, não vejo problema com esses indicadores; de fato, com a inteligência aplicada aos dados, podem ser muito úteis na condução do processo de aperfeiçoamento do desempenho de venda. A palavra problemática aqui é a *inteligência* quando aplicada a alguns *gerentes intermediários*. Essas palavras não podem estar juntas, tenho certeza que você tem consciência disso.

Considerando a informação gerencial num estágio mais avançado, trabalhei para uma empresa cujo sofisticado sistema de «*Indicadores Chave de Desempenho*» monitorava tudo o que se realizava no processo de venda. Monitoravam por exemplo, quando uma primeira reunião gerava uma segunda, as vendas alcançadas, as vendas de produtos realizadas a cada reunião, as vendas em toda a gama de produtos, etc.. . imagine a cena.

Cada resultado individual foi codificado em vermelho, verde ou azul, quase como num sistema de semáforos no trânsito. Cada tela exibia trinta ou mais aspectos das realizações do consultor. Ao entrar no escritório do gerente de vendas para a reunião mensal de informação, discretamente, apertava-se os olhos para enxergar a tela: se o verde ou azul predominasse, a reunião seria razoável. No entanto, se a tela parecesse um banho de sangue, então valia a pena manter os olhos assim, pois havia o risco da reunião transformar-se num banho de sangue antes do seu final e as opções de carreira deveriam ser reconsideradas. Bons tempos aqueles!

A produção e o resultado das vendas eram colocados no quadro de avisos para que todos pudessem desfrutar. Aquele que se destacasse com frequência era alvo de gozação. Relacionamento profissional no seu melhor!

A realidade deste estilo de gerenciamento e seus efeitos sobre as forças de venda é que muitas pessoas não gostam de ser geridas desta forma ou, são incapazes de obter o benefício da informação que está sendo fornecida.

Falando de *orientação de gestão*, o gerente de vendas, quase sempre me desencorajava de oferecer uma hipoteca fracionada. Como esse crédito funciona? Um exemplo seria oferecer assessoria e venda para um crédito imobiliário de £ 30,000 (aproximadamente R$ 81.877,00) : parte desse valor (dependendo da legislação) seria beneficiado pela isenção do juro fiscal detalhado anteriormente; o saldo desse crédito poderia ser suportado por uma apólice de seguro de vida. Se o cliente em potencial tivesse mais de 40 anos e fosse fumante, a comissão sobre a apólice do seguro de vida era maior do que a comissão da parte do crédito que envolvia o benefício fiscal, especialmente no início de 1990, como você verá em breve. Você também estaria vendendo duas apólices e esse seria o melhor conselho que se poderia oferecer ao cliente. Além disso, durante o processo de venda, o cliente recebia uma comparação detalhada entre as duas modalidades de crédito para que tivesse uma visão equilibrada (mais sobre esse ponto mais adiante!); essa, apesar de tudo, era uma venda muito ética.

Não na opinião do gerente de vendas. «*Não*! Venda apólice de seguro *endowement*» era a ordem. «Eles pagam mais comissão!» No entanto, compreender o gerente de vendas e seu processo de venda é a chave para controlar os resultados corretos e bem-sucedidos do seu trabalho, independentemente da profissão ou da indústria em que trabalha.

Quero me libertar (I want to break free)

No final de 1991, Freddie Mercury da banda «Queen» faleceu. Um dia antes de morrer, Freddie declarou que há muitos anos sofria do vírus HIV /AIDS, embora especulações já tivessem sido veiculadas pela imprensa há algum tempo. Por que estou mencionando isso? Na minha opinião, ele foi a primeira pessoa realmente famosa de uma geração a morrer dos efeitos desta doença e a importância do vírus HIV / AIDS começava a ser notada pelas Seguradoras.

Esta importância se intensificou após o lançamento do «single» *The Show Must Go On* pela banda Queen em outubro de 1991, apenas seis semanas depois de sua morte.

O vírus da AIDS foi oficialmente identificado em 1981 e recebeu seu nome em julho de 1982, embora possa ter existido desde 1960. Foi somente entre os meados e o final dos anos 80 que o verdadeiro potencial catastrófico desta síndrome tornou-se aparente. Até 2008 estima-se que foram registradas no mundo inteiro cerca de 25 milhões de mortes, mas a extensão total da ameaça no Reino Unido ainda não foi compreendida.

Algumas publicações afirmavam que «ninguém está a salvo da AIDS» e muitas Seguradoras aumentaram as taxas de seguro de vida para cobrir o potencial aumento das reclamações (e como consequência as comissões a pagar aumentavam também). Levou muitos anos para que as taxas de seguro de vida fossem reduzidas - mas caíram, com o tempo.

Uma consequência adicional desta situação é que muitos candidatos de seguro de vida solteiros, geralmente do sexo masculino, são obrigados a passar por um teste de AIDS no exame médico do processo de obtenção do seguro.

É sua meta, orgulhe-se dela

Lembra-se dos meus comentários a respeito de um parente sentado à sua frente prestes a assinar um formulário a seu pedido? Faça o que for certo para o cliente, não aquilo que vá cumprir metas de vendas para alguém. Você representa o conselho que fornece, tanto agora como no futuro.

Ao planejar seus negócios para os próximos meses, normalmente você estabelece um contexto de vendas potenciais. Imagino que seja como uma *máquina de salsicha*. Por que? Você insere os ingredientes em uma extremidade da máquina para que as salsichas saiam da outra.

Possivelmente, depois de ter determinado a produção de venda, você vai trabalhar *na base de um terço* para manter fluindo essa produção, conforme segue:

1. Na criação de novos negócios: um terço de seu tempo

2. Na apresentação de propostas e administração das vendas: um terço de seu tempo

3. Na conclusão das vendas: um terço de seu tempo

É vital que as três bases de venda da *máquina de produção de salsicha* estejam trabalhando ao mesmo tempo, como placas giratórias, para garantir que em nenhum momento alguma área fique ociosa.

Quando se trata da previsão do resultado da venda, com um pouco de experiência, você saberá exatamente qual cliente vai realizar que tipo de negócio e quando no interior de sua máquina. Não perca muito tempo com prospecções e questionários que após algumas investigações e qualificações, provavelmente, nunca conduzirão a uma venda compatível de boa qualidade. Você vai saber quais as vendas que realisticamente serão completadas nesse mês e quando o pagamento e o depósito bancário serão efetuados. Lembra-se do *sentimento visceral que descrevi antes*? Marque sua posição e entregue, já que sabe o que vai acontecer.

Com um sistema bom e praticado, quando o gerente de vendas perguntar-lhe a previsão para o mês, pode responder com exatidão, sem margem de erro, qual será o valor obtido nessas vendas, embora possa não ser o número que ele queira ouvir . No entanto, se for um bom gerente, vai trabalhar com você para entender seu raciocínio e chegar à mesma conclusão, ou provar qualquer deficiência nas suas expectativas. Este deve ser o trabalho em equipe no seu melhor.

É melhor ser direto e transparente do que disfarçar uma situação, especialmente se seu bônus estiver em jogo. Blefar sobre uma previsão mensal só lhe dá no máximo 30 dias para sair do buraco em que você se enterrou por ser demasiado otimista.

Como você vai se divertir?

O que você mais gosta de fazer? E o faz regularmente se o trabalho permitir? Se trabalhar duro, então, faça questão de aproveitar para valer. Tenha prazer em alcançar sua meta, essa é uma das maneiras mais fáceis que conheço para se destacar ainda mais, seja pagando bebidas a todos num pub depois do trabalho, ou cuidando dos seus próprios assuntos. Celebre o sucesso próprio e daqueles que o cercam, mesmo se não conseguiu fazê-lo nesta semana ou neste mês. Apóie aqueles que o cercam, que eles também o apoiarão.

Para mim, uma boa semana seria estar em casa às 16h numa sexta-feira aparando a grama para passar um fim de semana venerando o sol enquanto baforava um grande charuto cubano recém-cortado, que duraria a maior parte do fim de semana. Parecia um cortador elétrico de grama sendo empurrado por uma grande coluna de fumaça. Mas numa tarde fresca de verão, nada poderia ser melhor. E por falar em cortadores de grama...

Capítulo 7 em poucas palavras

Embora uma proposta de promoção seja um grande elogio pessoal, não a agarre sem verificar o que está do outro lado. Negocie onde puder, mas aproveite as oportunidades quando aparecem.

Compreenda seus gerentes. Aprenda como controlá-los usando o sistema de conformidade que aplicam para ajudá-lo.

Com as projeções de venda, informe seu gerente o que você acredita ser viável e não o que ele queira ouvir. Isso irá recompensá-lo no longo prazo e criará confiança entre você e a equipe. Proponha menos e entregue o máximo!

8. A queixa do cortador de grama

Você será para sempre responsável pela consultoria financeira que fornece. Deixe-me exemplificar como uma consultoria pode voltar na forma de reclamações sobre o seguro de vida ligado ao crédito imobiliário (seguro *endowement*), anos mais tarde, para assombrá-lo. Você pode pensar nelas como *queixas do cortador de grama*. Eis o porquê.

Vamos imaginar que George esteja aparando a grama de casa com um cortador de grama novinho em folha. Bob, seu vizinho, inclina-se sobre a cerca para cobiçar a nova aquisição de George e admirar a grama perfeita.

Com a inveja estampada no rosto, indaga: «Subindo na vida, George?» enquanto olha estupefato a grama perfeitamente aparada em listras precisas.

«Bom dia, Bob. Não! Entrei com uma reclamação devido a um crédito imobiliário obtido anos atrás e me mandaram um cheque. Só se falava sobre isso no pub. Você tem algum seguro de vida ligado ao seu crédito imobiliário, Bob?»

«Sim, dois planos, na verdade, mas nunca consegui entender nenhum deles, deveria?» Pergunta Bob animadamente.

«Digo-lhe uma coisa, Bob: assim que terminar de aparar a grama, vou deixar-lhe uma cópia de um modelo de reclamação que tirei da Internet. Se você enviá-la para as empresas com as quais contratou esses créditos, possivelmente vão lhe enviar um cheque. Cortadores de grama são um bom negócio no momento», acrescenta com um sorriso.

«Desculpe George, mas não é errado fazer isso?»

«Bem, hum, não! Todo o mundo está fazendo e se estão distribuindo dinheiro por nada, você também pode ter sua parte. Vai dar para comprar um cortador de grama novo!»

«OK, ótimo! Até daqui a pouco George. A propósito, a grama está linda.»

Muitas das Seguradoras, com o passar dos anos, não mantiveram registros das transações de seguros de vida ligados ao crédito imobiliário simplesmente porque não eram obrigadas a fazê-lo. A partir do ano 2000, algumas publicações veicularam uma campanha incentivando as pessoas que foram prejudicadas a mover reclamações, para que fossem compensadas pelas políticas de crédito imobiliário praticadas nos anos anteriores. Possivelmente incentivados para ter um cortador de grama novo como exemplo, muitos consumidores usaram seus computadores para tirar vantagem da situação, embora em alguns casos, não acreditassem realmente que tivessem sido injustiçados. As reclamações chegaram abundante e rapidamente.

Se você ainda estiver registrado, assim como todos os consultores do ramo deveriam estar, a reclamação poderia, num último recurso, ser encaminhada até mesmo para seu endereço residencial porque a companhia de seguros com quem você trabalhou como agente associado e empregado não manteve nenhum registro da venda - mas manteve seu contato arquivado. Mas *você,* que continuou responsável pela consultoria, é uma das poucas opções disponíveis para a companhia de seguros recordar o que passou.

Em princípio, detalhes pessoais deveriam permanecer confidenciais nos termos da Lei de Proteção de Dados. No entanto, sei de muitos casos em que uma companhia de seguros acessou a própria base de dados para fornecer o atual endereço residencial do ex-consultor (mais de dez anos após a apólice ter sido vendida) e enviar-lhe a reclamação para casa, acompanhada de uma carta explicando as responsabilidades do consultor e as potenciais consequências caso não seja respondida.

Conheço uma companhia de seguros, cuja estrutura foi alterada devido a uma fusão corporativa e ficou incapaz de localizar todos os registros dos clientes. Acredito que alguns grupos de consumidores tomaram conhecimento de situações semelhantes, onde as limitações potenciais dos processos das companhias de seguros ficaram expostas. É possível sugerir que a *falta de registro* implica em *falta de defesa* e a reclamação começa a ganhar força no âmbito dos objetivos das diretrizes da reclamação.

É possível argumentar que esta abordagem ao regulamento é do tipo «culpado até provar a inocência» - o que não estaria longe da verdade. No entanto, também é verdade, que se as empresas prestassem uma atenção maior aos seus registros por períodos mais longos, não teriam que recorrer a ex-funcionários, que em muitos casos simplesmente sujeitaram-se às normas corporativas para obter informações.

Quando isso aconteceu comigo, liguei para a companhia de seguros e perguntei o que estava acontecendo, já que mesmo a folha de rosto vinha cheia de ameaças. As respostas às perguntas feitas ao telefone foram interessantes:

«Você acha que isso é ruim? Deveria então ver a outra empresa (a que se fundiu com o grupo). Não temos nenhum registro!» explicou o administrador.

«E o que acontece caso não tenha nenhum registro e o consultor não conseguir evocar qualquer lembrança do caso em questão?» Sondei

«Oh, se isso acontecer nós pagamos alguma compensação financeira e encerramos o caso», disse a voz com desdém. Muito reconfortante!

Lembra-se do problema explicado no capítulo anterior com relação à hipoteca fracionada: uma parte garantida por seguro de vida e a outra baseada em reembolso? Tinha chegado a hora de provar que dei o conselho certo e as respostas às reclamações concederam-me essa oportunidade.

Exemplos de comentários e de respostas:

- «Nunca me ofereceram uma opção de reembolso.»
  Resposta: Mesmo assim, você tem uma hipoteca fracionada: seguro/ empréstimo reembolsável.

- «Eu não sabia que a apólice fosse garantida por um investimento.»
  Resposta: Apesar de você ter recebido durante 10 anos extratos anuais em que constavam as bonificações.

- «Não foi oferecida a comparação de reembolso / benefícios.»
  Resposta: Apesar de lhe terem sido apresentados gráficos comparativos de custos, conforme os procedimentos padrão de vendas, com as duas formas de reembolso.

Para aqueles que foram realmente enganados numa venda por alguma alma inescrupulosa, desejaria que o sistema de reclamação fosse mais fácil e mais rápido. Para aqueles que fizeram reivindicações em circunstâncias incorretas, espero que desfrutem de doces sonhos após usarem um cortador de grama novinho em folha.

Em 1993, minha carreira de corretor de crédito imobiliário estava chegando ao fim. Eu estava entediado e o pior, mais pobre a cada ano. Eu me perguntava se existiria algo mais na vida além disso. Parecia um caminho que levava a um beco sem saída. O trabalho me ensinou que eu gostava do contato com os clientes. No entanto, também aprendi que não gostava de vender hipotecas, neste caso, e nem de ganhar a vida vendendo seguros decorrentes da venda um empréstimo.

Exames de qualificação profissional tornaram-se a norma a fim de atender aos requisitos de conformidade e de negócios; quando as regras tornaram-se mais numerosas e complicadas, o desenvolvimento profissional contínuo tornou-se uma exigência regulamentar. No início, tive grandes dificuldades, mas depois achei os exames e os estudos interessantes, especialmente porque me mostraram um caminho para o futuro. É triste perceber que o seguro e os planos de aposentadoria estavam entre as coisas na vida que eu achava interessantes!

Fui bem sucedido com as vendas de crédito imobiliário e de seguros e consistentemente atingi minhas metas durante a recessão dos anos 90, mas agora tinha chegado a hora de seguir em frente. As vendas de planos de aposentadoria, de investimentos e de seguros de saúde ou de vida tinham que ser o caminho para progredir e, certamente uma forma de melhorar tanto as perspectivas de carreira quanto o potencial de renda.

Como mencionei anteriormente, as reuniões de venda que ocorriam à noite e nas manhãs de sábado estavam desgastando tanto minha vida profissional quanto a pessoal. Eu tinha 26 anos e namorava firme com uma garota que veio a se tornar minha primeira esposa. O desejo de ter um horário mais estável de trabalho foi crescendo. As noites arrebatadoras com minha namorada dependiam se haveria ou não reuniões com clientes; esta situação estava se tornando inaceitável para ambos. Tive que fazer uma escolha e o trabalho «dançou».

Você vai descobrir a seguir que, eventualmente, o nosso casamento também.

Em caso de emergência, as saídas estão localizadas aqui, aqui e aqui!

Não espere tempo demais para sair de um emprego: ter um ataque de raiva durante o processo vai agitar as fofocas do escritório durante meses.

Faça um favor a si mesmo e planeje a saída precoce e cuidadosamente. Seja sempre cortês e profissional durante o processo de demissão. Este mundo que ocupamos é pequeno demais e nunca se sabe quando se vai esbarrar em alguém do passado.

Ao decidir seguir em frente, você acabou com o show e «saiu do prédio» [1] como Elvis. Esse é o maior obstáculo a superar. Mas o que vem depois? Quando foi a última vez que visitou, reviu e atualizou seu Curriculum Vitae? Se não foi atualizado, faça-o já. Você precisa do seu CV para começar a se promover. Seja discreto e não comente o assunto com seus colegas depois do trabalho no pub ou em qualquer outro lugar. Uma informação como essa costuma escapar na hora errada.

---

[1] «Elvis has left the building!» essa frase foi usada pela primeira vez em 1956 para dispersar os fãs que esperavam que o show ainda não tivesse acabado e Elvis voltaria ao palco. Desde então é utilizada para descrever saídas dramáticas e situações que chegaram ao fim.

Garanta sempre um emprego novo antes de se demitir. Consiga uma nova proposta de trabalho e aceite-a – ambas por escrito, antes de transmitir a boa notícia ao seu antigo patrão. A confiança em obter uma nova entrevista pode se dissipar rapidamente quando estiver desempregado. E lembre-se, por mais idiota que tenha sido seu gerente, seja cortês.

O antigo chefe pode implorar para que você fique (o meu me ofereceu um salário mais alto, o que não era uma motivação mas um fator de higiene – ele saberia disso se tivesse lido a teoria da motivação-higiene de Herzberg). Mantenha a motivação real, que é a de subir. Seja, porém, agradável, porque nunca se sabe quando seus caminhos poderão se cruzar novamente.
Nada de vender hipotecas - prometi a mim mesmo que não o faria nunca mais - mas tinha que alcançar muitas qualificações de planejamento financeiro e um grande salto no salário.

Não tomaria mais xícaras de chá frio na escura cidade de Reading às 19h, indagando-me se conseguiria jantar antes de chegar a casa em Guildford às 22h.

Num dia de outono de 1993, aproximadamente na hora do almoço, decidi dar um basta na situação; minha próxima reencarnação estava a caminho. Fornecer seguros e consultoria de planejamento para a aposentadoria foi o caminho escolhido e consegui emprego como representante de vendas no Sudeste para outra empresa de seguro de vida.

Tive uma pausa de uma semana entre um emprego e outro. Aproveitei para prestar o exame de habilitação de motocicleta em Wimbledon; durante três dias, começando às 7h, ficava chacoalhando sobre uma Honda 125 muito cansada, sob uma chuva torrencial. Nada como um desafio antes de iniciar outro desafio. Este emprego iria começar na primavera de 1994, mais ou menos na mesma época em que ocorreriam as mudanças do nosso órgão regulador com a introdução da Autoridade de Investimentos Pessoais.

Essa mudança regulatória também anunciou a introdução de muitas alterações em consultoria, tais como uma maior transparência em detalhes quanto a comissões. Na época, muitos temiam esta mudança, tratava-se porém de outra forma de boa governança, que garantia que o consumidor fosse plenamente informado a respeito dos contratos que estava assinando.

Por que as pessoas temem mudanças? Quando pedi demissão, meu empregador argumentou que eu estava tentando evitar o impacto das mudanças regulatórias, iniciando uma atividade em outro lugar e que, se eu refletisse sobre isso, decidiria ficar. Na verdade, essa saída foi útil já que permitiu que eu aprendesse os novos processos de regulamentação com relação a novos produtos e o ethos do novo empregador, sem a carga do passado.

Após esta visão sobre as mudanças que ocorreram no passado, podemos agora olhar para o futuro com as mudanças adicionais significativas que vêm sendo preparadas para os serviços financeiros. Esta atualização constante de regras melhora a compreensão e ocorre da mesma forma em todos os setores. Para a consultoria de serviços financeiros em relação a particulares do Reino

Unido, a Autoridade de Serviços Financeiros planeja reclassificar os serviços de consultoria - independente, coligado, etc. – a fim de restringir os níveis de consultoria disponíveis, dependendo do modelo de negócio, e também para especificar as qualificações dos consultores que trabalham face a face com clientes e vendedores.

Este é um passo significativo e algumas pessoas sugerem que a queda pode ser igualmente grande. No entanto, na minha opinião, há também o risco de que alguns consumidores possam ser cobrados com um preço fora do mercado de consultoria. Estas mudanças terão de ser geridas e outros modelos de distribuição, tais como a Internet, terão de ser empregados para manter e ampliar a participação no mercado.

Em 1994, era hora de começar uma nova e desafiante carreira.

Capítulo 8 em poucas palavras

Padronize o cumprimento do próprio processo de vendas. Certifique-se que está correto e não se desvie dele.

Reinvente-se regularmente, adote mudanças e saia. Você pode cair na rotina, se não se atualizar.

Guarde notas pessoais referentes à operação da venda em caso de futuras disputas. Guarde em lugar seguro os relatórios de tudo o que fizer para futura referência e sua própria proteção.

9. Os objetivos de tratar todos de forma justa

Tratar todos de forma justa

A título de informação, estou muito encorajado pela iniciativa tomada já há alguns anos pela Autoridade de Serviços Financeiros, chamada «*Dar a Todos Os Clientes Um Tratamento Justo*» (em inglês, *Treating Customers Fairly* ou abreviando, «TCF»).

Esta iniciativa, eticamente sustentada, é focada no cliente. Seu processo exige das empresas prestadoras de consultoria financeira transparência e prudência e só vai ajudar nossa profissão, se o cliente for colocado no centro do processo. Esta é uma boa notícia para a imagem global dos serviços financeiros e para o público que atendemos.

No entanto, não se esqueça que você, como consultor, também deve ser tratado de forma justa. Certa vez, ouvi um colega dizer que um cliente se entusiasma com a empresa que tratar de forma justa tanto seus funcionários *quanto* seus clientes. Se uma empresa não puder tratar bem seus funcionários, o consumidor (ou *cliente,* meu termo preferido) não tem a menor chance de obter um resultado justo - concordo com essa opinião.

Na minha opinião, um *comprador* compra uma vez só; já um *cliente* deseja um relacionamento contínuo e realiza vários negócios ao longo do tempo. Esta é uma questão de confiança. Sei como prefiro pensar neles e qual deles gostaria de ter na carteira de clientes. Se pudesse, optaria sempre em negociar com *clientes,* não com *compradores.*

Ao vender qualquer produto ou serviço, não crie um problema que certamente poderá se arrepender mais tarde. Clientes também precisam ser educados no processo de consultoria, pois se preocupam com seu dinheiro que foi obtido com muito suor e que lhe confiaram para cuidar. Compraram você e o serviço que oferece.

Se conseguirem marcar com você uma reunião à noite ou em um final de semana, então é assim que vão agir no futuro. O «futuro» pode ser no próximo mês e no próximo ano e em cada ano em diante. Se aceitar uma reunião na casa do cliente, então não haverá muita opção senão a de voltar a casa dele sempre que ele pedir. Se protestar, a réplica será: «Bem, você fez isso da última vez!» Seguido por: «Não acho que seja necessário vê-lo em seu escritório!» Nesta fase você terá perdido algum relacionamento profissional com o cliente e já estará na defensiva.

Se quiser ser tratado como igual, então comece em pé de igualdade. Isso não vai funcionar para todo o cliente e talvez seja necessário quebrar as regras de compromisso em algumas circunstâncias, mas de um modo geral, essa abordagem é racional.

Os alarmes devem soar se uma atualização ou reunião for marcada para se realizar em algum pub ou hotel, fora do expediente normal de trabalho. Isso normalmente significa que o requerente vê o encontro como um evento social e não como uma reunião de negócios. Você está lá para trabalhar enquanto eles podem estar lá para tomar uma cerveja de graça e bater um papo com pouca ou nenhuma intenção em fazer negócios com você. Eles não iriam se encontrar com um advogado ou um médico em um pub para discutir questões pessoais que pudessem ser ouvidas por estranhos; então por que se encontrar com você lá? Você realmente gostaria que o barman conhecesse seu salário, data de nascimento, preferência sexual e assim por diante?

Pessoalmente, prefiro passar as noites e os finais de semana com a família e amigos, ao invés de participar de uma consulta comercial. Lembre-se, você tem uma família ou um parceiro ou amigos, uma vida social, hobbies e tudo o mais que são importantes tanto agora quanto no futuro à medida que sua vida se desenvolve e evolui. Após dois divórcios, falo por experiência própria. Se este livro terminar como uma lição salutar em como obter o equilíbrio errado entre a vida profissional e a pessoal, então meu trabalho como conselheiro matrimonial está cumprido.

Ah, o divórcio. Há «pano para manga» suficiente no assunto para preencher as Segundas *Crônicas de Churchouse*. O divórcio é uma instituição estranha e vazia, na melhor das hipóteses, e geralmente no final da questão seus únicos vencedores são os advogados. No entanto, justiça seja feita, muitos estão agora a dar passos significativos e positivos para melhorar a situação por meio de processos de colaboração complementares, como o aconselhamento de casais. Eu aprovo, mas infelizmente para mim é tarde demais para aproveitar destas iniciativas.

As tensões do novo trabalho e a promoção que se seguiu causaram seus danos e meu primeiro casamento acabou pouco tempo depois. O mundo para mim nunca mais pareceu o mesmo.

Os valores do recreio escolar que sempre estarão com você

Alguma vez você já se encontrou numa situação de trabalho ou pessoal que fez com que pensasse com seus botões: «Hellowww» de volta ao recreio da escola?

Quando era criança e corria pelo recreio em Reading - jogando futebol, envolvido em lutas estranhas e curioso a respeito a tudo o que se relacionava às meninas (sem poder perguntar aos colegas por medo de parecer mariquinha!) - nunca poderia imaginar que certas experiências me seguiriam ao longo da vida até a idade adulta.

Como em qualquer evolução, no entanto, é no recreio que se aprende e se começa a entender quem realmente somos e como nos integramos (ou não) na hierarquia da sociedade. No Jardim de Infância que é a Vida, descobre-se de quem faremos «gato e sapato» e de quem «levaremos uma surra», de quem gostamos ou não gostamos, em quem confiamos e quem vai nos escolher para fazer parte da equipe de futebol. (A surra nesse sentido tende a ficar um pouco mais forte à medida que envelhecemos.)

O que se aprende são os próprios valores, o que importa para nós. Esse aprendizado será diferente e pessoal para cada um de nós. Reserve um tempo para entender o próprio aprendizado e os limites de seus valores pessoais. Assim como no recreio, as pessoas vão desafiar os limites desses valores ao longo da vida.

Assegure-se que a autenticidade de seus valores e crenças será mantida. Você deve permitir que as pessoas atravessem a «cerca» que é um valor seu, e pisoteiem o que acha que é verdadeiro? Minha resposta é um *não* retumbante! Essas invasões precisam ser controladas. Para isso, você deve conhecer os limites que vai precisar proteger - e, até certo ponto, patrulhar - para garantir que suas fronteiras não sejam violadas.

Você vai aprimorar essas *fronteiras* à medida que envelhecer. Há argumentos, porém, que as pessoas ficam mais rabugentas quando envelhecem e ampliam suas fronteiras pessoais ou seus valores. Pode haver alguma verdade nisso.

Clientes também vão lhe ensinar os valores e fronteiras *deles* e enquanto evolui, você decide se muda seus valores para que coincidam com os dos outros. Clientes, nas suas várias formas e tipos, vão lhe ensinar muito e esse é um benefício do trabalho. Com certeza, você respeita a pessoa e os valores cujas *fronteiras* você assumiu, seja lá quem for. Você já visitou e compreende suas fronteiras. Haja o que houver, *conheça, compreenda e guarde* seus valores, pois eles são seus, somente seus.

Pense a respeito destas *fronteiras*, seus valores, e trate a si mesmo de forma justa e repense quando o egoísta do gerente de vendas pedir- lhe para que, a fim de alcançar sua meta de vendas, substitua-o num compromisso à noite (quando ele já estará em casa!) com um casal que é «sempre tão agradável» mas que você sabe que não tem a mínima intenção de fechar um negócio. Você não está aqui para ser o anfitrião noturno da empresa.

Concentre-se no que é necessário para alcançar (não a meta de um «*indicador-chave de desempenho*» que tica um item, ao invés de realmente conseguir algo positivo), tanto para a meta deste mês como a dos próximos anos. Um consumidor pode atender a uma meta de vendas, um *cliente* alcança metas de vendas que valem por muitos anos. A recompensa pessoal deste último é muito maior, tanto em termos de renda como de satisfação pessoal.

Representante associado de vendas

A primeira parte da minha carreira em serviços financeiros foi um trabalho árduo, mas mesmo assim gratificante. E, segundo alguns, foi o trampolim para meu futuro.

Meu novo papel como representante associado de vendas foi uma oportunidade revigorante. Ser um consultor de vendas «associado» a um fornecedor de produtos não foi um problema, embora muitos defendam que uma consultoria independente seja sempre preferível. Indiscutivelmente, uma consultoria financeira independente oferece maior flexibilidade na oferta fornecida a um cliente. Dito isto, como eu tivesse uma boa variedade de oferta interna, essa potencial «limitação» de fornecedores de produtos não foi significativa.

Comecei no ramo sem qualquer qualificação e passei o verão de 1994 estudando para obter o Certificado de Planejamento Financeiro (*Financial Planning Certificate - FPC*). Prestei os exames 1, 2 e 3 ao longo dos 18 meses seguintes para conseguir a qualificação de consultor financeiro. Passei muito tempo debruçado sobre livros enquanto escutava a Madonna cantando «Vogue». Tenho que admitir que a morte de Ayrton Senna fez com que eu parasse de participar de corridas de automóvel. Logo depois, realizei os exames avançados para obter o Certificado avançado (*Advanced FPC*). Como aspirava a níveis mais altos na estrutura de gestão (que garoto ingênuo!) acreditava que as qualificações no ramo seriam uma exigência da empresa e da indústria. Isto porque a consultoria em serviços financeiros é um ofício que alimenta fantasias em ambos: na compreensão e nos rendimentos.

Treinamento na sua maior intensidade

O treinamento recebido foi sem paralelo e sou grato por isso - embora na época tivesse sido considerado por alguns mais uma lavagem cerebral do que propriamente um treinamento.

Um treinamento de vendas de boa qualidade tem atingido um nível de sofisticação tão alto, que cria no indivíduo o profissionalismo necessário para alcançar o sucesso. A partir do treinamento, estrutura-se o diário de vendas para melhorar a produtividade, o que vale a pena. As reuniões de venda com clientes eram marcadas às segundas-feiras, no período da manhã até o meio da tarde (se possível) para evitar as fofocas do escritório e os bate-papos posteriores ao fim de semana.

As ligações telefônicas eram realizadas principalmente nas manhãs de terça-feira, devido à maior probabilidade de se encontrar as pessoas com quem queríamos falar naquele momento. Uma reunião interna do escritório de uma hora era regularmente marcada em uma manhã de quarta-feira para debater os produtos mais recentes ou as ideias de venda, daí voltávamos para as reuniões face a face com o cliente. Novamente, as reuniões de venda seriam numa quinta-feira durante todo o dia e, se entendeu direito, administração na sexta-feira, além de todas as ligações telefônicas de *follow-up* que limpariam as mesas para o fim de semana.

Esta era uma organização focada e dirigida e as vendas corriam bem em termos de valor, volume e diversidade. No entanto, lembre-se sempre que primeiro você se representa e *depois* a empresa. Não importa a qualidade de seu produto, se o cliente não comprar você (seu caráter, seus valores), é improvável que compre seu produto; e você será abandonado lutando tanto pelo volume de vendas quanto pela qualidade. E se quiser que o interessado se transforme em *cliente* ao invés de consumidor, então você quer que ele ou ela comprem a ambos agora e igualmente nos próximos anos.

E voltamos à mesma pergunta: se o interessado na transação fosse um membro da família, ainda assim você realizaria a venda?

Algumas organizações mecanizam o processo de formação inicial de um relacionamento profissional com um cliente em potencial para garantir que qualquer novato na frente de uma batalha de personalidade pudesse ao menos tentar criar um relacionamento com um cliente antes de se atrapalhar no restante do processo da venda. Isso assegurava que quaisquer perguntas referentes ao «contato» inicial feitas no início da reunião estivessem no formato de perguntas sobre o passado, presente e futuro do cliente. Isso era muito útil para aqueles tipos menos gregários que tivessem dificuldade em manter conversas informais.

Levando isso ainda mais adiante, não fale sobre a meteorologia de ontem, de hoje e muito menos da próxima semana. Isso não é interessante e nunca foi! O tempo do cliente é tão valioso quanto o seu; se a audiência lhe foi concedida, atenda às expectativas do cliente apresentando *resultados*. Qualquer pessoa que abra uma reunião de vendas com uma discussão sobre o clima precisa ser afastada.

Outra técnica de treinamento concebida para lisonjear os clientes, foi o *espelhamento*, apesar de não estar mais em uso.

A técnica do espelhamento significa imitar os movimentos de um cliente. Quando bem feita, pode fazer com que o cliente se veja no outro e as pessoas tendem a gostar disso. Pode-se argumentar que um cliente está comprando um reflexo de si mesmo, alguém em que possa confiar seu dinheiro arduamente ganho. O espelhamento pode ser feito de várias maneiras, tanto visualmente quanto em comunicação verbal. Pode-se imitar pelo *tom*, falando calmamente ou num volume mais alto, dependendo da forma como os clientes falam para refletir um comentário ou uma declaração. Se for mal feito, entretanto, pode parecer que você esteja debochando do cliente; isto deve ser evitado se quiser completar a venda.

As pessoas gostam de falar sobre seus assuntos favoritos. E o assunto favorito geralmente são eles próprios. Mesmo se não for, esse ainda é um bom ponto de partida, porque pode orientá-lo para o assunto preferido. E lembre-se, ninguém vai querer ouvir sobre sua última doença ou do frio ou do fato de ter um problema nas costas ou que não consegue encontrar a babá correta. Estas coisas são importantes para você, mas só para você.

Se um cliente em potencial tiver uma linda casa ou jardim, converse com ele sobre isso: «Que lugar maravilhoso! Há quanto tempo você mora aqui?» Uau! «Olhe para esse jardim, é fantástico!» ou «Quanto tempo leva para cuidar desse jardim?» Estas são as perguntas que se costuma usar para incentivar conversas, mas são todas focadas *no cliente*. É um assunto que eles têm conhecimento durante toda a vida e um cliente normalmente é louco para contar o que tem feito ou quais são seus planos. Assim, faça as perguntas certas e descubra tudo sobre eles.

Durante a preparação da sua abordagem de venda, é preciso mirar os potenciais clientes para garantir que lhe ofereçam a oportunidade para realizar a venda. O tempo e a experiência vão lhe ensinar quais os sinais e as características a serem procurados, como código postal da residência, idade e ocupação. Cada segmento da sociedade é diferente e precisa ser abordado de forma diferente para alcançar o sucesso de vendas.

Um bom exemplo é o tipo do talão de cheque que você, como vendedor, está abrindo para levar o prêmio e realizar a venda. O que quero dizer com isso?

Você está oferecendo um contrato pessoal ou um produto comercial? Na minha experiência, a atitude de diretores e gerentes seniores em abrir o talão de cheque da empresa comparado ao talão pessoal pode ser muito diferente. O talão de cheque ou a conta da empresa parece ser uma venda mais fácil do que um processo de decisão e de venda *pessoais*. Não há explicação óbvia para isso, mas parece haver no processo de decisão alguma desconexão do indivíduo entre os fundos da empresa e o dinheiro pessoal.

Para deixar isso bem claro, gostaria que alguém me explicasse porque o termo cliente com *Alto Poder Aquisitivo (em inglês: High Net Worth* - HNW) exerce tamanho fascínio. É um termo que cria muita discussão, ainda estou tentando encontrar uma definição realista para ele. Se um cliente tiver uma necessidade e estiver preparado para cobrir os honorários propostos no fornecimento desse serviço, isso significa que você não deva lidar com eles? Se não cumprirem com um critério de lucro ou não tiverem £ 1.000.000 (aproximadamente R$ 2.729.066,00) em dinheiro disponível para investimento imediato, você diz: «Desculpe, eu não posso ajudá-lo. Vá ao banco!» Claro que não. Seja lucrativo, seja comercial e *faça o que for certo para o cliente.*

Somos todos indivíduos, assim como nossos clientes também o são. Faça seu próprio julgamento e siga-o, você sabe o que procura. Se estiver preocupado em ficar preso a uma remuneração pequena pelo seu trabalho, então, coloque seus honorários num quadro e promova-os para atrair o tipo certo de consulta e de renda. Cabe a ambos, a você e ao cliente o controle da situação de venda para que haja respeito mútuo no futuro.

Certa vez foi me dito, que o relacionamento com o cliente pode ser considerado como uma conta bancária emocional. Assim como na maioria das contas bancárias: você pode estar em crédito ou em débito. Se construir as vendas corretamente ao completar uma venda, deve ter um saldo de *crédito* suficiente para fazer uma retirada - em outras palavras, para fechar a venda.

Se ainda não alcançou uma boa abordagem de venda, então o fechamento de uma venda pode significar que não tem *crédito* suficiente para alcançar o sucesso. Saiba em que ponto você está na venda para conhecer qual seu saldo no relacionamento e a conta bancária emocional de seu cliente.

Isto pode parecer um pouco forçado, mas pense a respeito da venda em que está trabalhando no momento. Qualquer vendedor saberá em qual venda investir para atingir o objetivo. No momento você está em crédito ou em débito? E se pudesse perguntar ao cliente de forma independente a mesma pergunta, qual seria a resposta?

Um papel em vendas vai levá-lo a muitos lugares que caso contrário jamais visitaria, tanto física quanto mentalmente, porque a percepção do cliente sobre a vida é sempre diferente da sua, como você verá no próximo capítulo. Desfrute as lições que serão ensinadas pelos seus clientes.

Capítulo 9 em poucas palavras

Venda-se primeiro e depois o produto. No processo de venda, as pessoas compram pessoas que tenham pensamentos semelhantes e o que os produtos possam fazer pessoalmente, não com base em uma avaliação racional dos recursos do produto em si.

Transforme cada consulta de venda em um título de seguro. O cliente que comprou uma vez poderá sempre ser revisitado para comprar novamente.

Entenda onde você se encontra no processo de vendas. Você precisa saber se tem crédito suficiente na conta de relacionamento para fazer a retirada - em outras palavras, para fechar a venda. Um relacionamento profissional pode vir, mas também pode desaparecer rapidamente.

Assine aqui, aqui e aqui!...

10. Patos, lagos e águas turvas

Receber um questionário de um novo cliente em potencial, deu origem a um telefonema e a uma reunião. Localizei o escritório no parque empresarial em Sussex e cheguei pontualmente (nunca os deixe esperar!). Fui recebido por uma recepcionista bem austera cuja atitude ranzinza foi atenuada assim que mencionei o nome do meu cliente ...

«Sim senhor; certamente, senhor; em breve estará disponível, senhor; café senhor? «Sente-se senhor,» como se seu interesse pela minha presença tivesse evoluído a passos gigantescos.

O proprietário desta empresa específica de tecnologia atravessou o escritório para chegar onde eu estava e me acolheu com um sorriso.

«Keith, eu sou Gerald, seja bem-vindo», exclamou o nosso potencial cliente, estendendo a mão. Parecia ser um homem agradável, meio rechonchudo.

«Bom dia, Gerald,» respondi da forma mais ousada que consegui...

Gerald voltou à sua sala com passos largos e eu segui suas passadas. Enquanto ele passava, notei que todos os funcionários jovens, de repente, assumiram a atitude de estar muito ocupados. Ao entrar em sua sala vasta e bem equipada, sentou-se à grande mesa de vidro. A mesa parecia uma ilha no meio de um oceano enorme de trabalho. Imaginei ouvir um eco em todas as palavras que trocamos, apenas parcialmente distraído pelo caro tapete azul da marca «Wilton» que forrava o chão (desde o século XVII, «Wilton» é uma marca inglesa tradicional de tapetes de lã).

Naquele ponto inicial da minha carreira, eu parecia um filhote de cachorro ansioso (abanando a cauda, com o focinho molhado e preparado para correr após qualquer venda, mesmo se fosse completamente inútil); eu tinha acabado de terminar meu treinamento rigoroso. Este treinamento consistia em martelar o processo normal de como controlar uma reunião de negócios com a inicial-introdução de conhecer o cliente, para criar um relacionamento profissional – conquistando-lhe a atenção, o interesse e a convicção de continuar e finalmente de fechar o negócio.

Esta reunião, no entanto, não seguiu o «roteiro do treinamento». Apresentei-me e, em seguida, defini uma agenda de reunião para que ambos seguíssemos; terminei a reunião ao fechar os itens da agenda, proferindo as palavras que eu tinha aprendido de cor:

«Há mais alguma coisa que você gostaria de abordar nesta reunião?» Perguntei ansioso para incluir Gerald no processo de venda.

Ele se inclinou sobre a mesa e disse com um sorriso: «Então, quer dizer que você não quer o negócio!»

Fiz uma pausa. «Ou... podemos fazer do seu jeito!» Respondi inseguro.

Gerald sorriu (ele tinha ganho o controle) e fomos para a agenda *dele*. Muitos gerentes de venda diriam que este foi apenas *um pedido de compra,* não uma venda e até certo ponto, estariam corretos.

Anotei as informações detalhadas transmitidas por Gerald e sondei os outros ativos disponíveis. Suas poupanças eram significativas. É claro que eu tinha sido treinado para disfarçar meu interesse natural na realização de uma possível grande venda extra e sempre fui aconselhado a sondar levemente a oportunidade – para depois, no fim do questionário recolher os ganchos de venda que me permitissem voltar para esta área, quando quisesse. No entanto, naquele momento estava perdido, sem direção e nenhum gancho tinha sido descoberto, mas mesmo assim, resolvi ir para a venda de qualquer jeito.

«Então, o que você vai fazer com a poupança exatamente? » Deixei escapar, em uma vã tentativa de agarrar a venda.

«Vou comprar uma casa! » Respondeu suavemente. Pelo fato de Gerald já ter uma casa grande, o fato de necessitar de outra estava além de minha capacidade de compreensão.

«Por que? » Perguntei impulsivamente.

«Porque minha esposa quer um lago», sorriu.

Perplexo, perguntei mais uma vez: «Por que?»

«Porque ela quer patos no lago», respondeu rindo.

«E ela vai conseguir ter um lago?» perguntei, achando seu riso contagioso.

«Oh sim», afirmou. «Tenho que manter a esposa feliz! »

Eu estava confuso e divertido, mas «chutei» para a venda assim mesmo. Eu não tinha nada a perder. Perguntei se poderia recomendar-lhe um investimento para parte de suas economias e ele sugeriu que eu lhe enviasse os detalhes para que pensasse a respeito. Foi o que fiz e ele avançou com um investimento significativo.

E foi aí que algo estranho aconteceu. Será que entrei em apuros com essa venda? Oh sim! Segui o processo de venda completo, mas não o procedimento da empresa que era o de referir o caso a um membro sênior da equipe acostumado a gerir casos maiores.

Posso «chutar» para conseguir uma venda da mesma forma que qualquer outro profissional; como se pode notar, o talento não é necessário.

Mesmo com uma pulga atrás da orelha, obtive um resultado satisfatório. Consegui-lhes um cliente de uma forma adequada - e fiz o certo perante o cliente também.

A título de nota, lembra-se do «O Manual do Blefador de Políticas de Venda e de Enrolação» comentado no primeiro capítulo? Nesse manual, o primeiro capítulo poderia se chamar «Chutando». Vá devagar ao usá-lo, pois seu sucesso é muito limitado, assim como será sua carreira se usá-lo com muita frequência.

Nosso primeiro momento juntos

Já disse em muitas ocasiões que você representa a si mesmo em primeiro lugar e *depois* a empresa em que trabalha. É isso o que um processo de seleção compra: *você*!

Como profissional você recebe o cliente usando uma camisa, uma gravata e um paletó com um bom caimento? Se estiver quente, você pergunta se pode tirar o paletó ou o faz sem perguntar, assumindo, simplesmente, que isso é aceitável? Você pode achar essa sugestão ridícula - mas existem clientes mais velhos que consideram esta etiqueta importante, por isso lhes ofereça a cortesia de perguntar.

E sobre o primeiro aperto de mão que se dá a um potencial cliente? Um aperto de mão pode enviar uma mensagem muito poderosa para seus destinatários. Seu aperto de mão, dado a um homem, é firme? E se for dado a uma mulher, você suaviza este aperto de mão? Seu contato visual é bom? Você sorriu ao cumprimentar? Você se levanta para cumprimentar o potencial cliente ou atravessa o escritório para recepcioná-lo de forma calorosa, especialmente se espera que haja uma venda no final da reunião?

Se respondeu *não* a qualquer destas perguntas e se alguma vez já se perguntou por que não consegue um acordo, então dê uma olhada no contato inicial, como o primeiro ponto a melhorar. E lembre-se que se a pessoa que estiver cumprimentando for atraente, mantenha o olhar em lugares apropriados. Como exemplo, Esther, minha esposa, reclama dos homens que costumam cumprimentar seus seios sem olhar para seu rosto. Ela dá pouca atenção para quem toma essa atitude.

Uma reunião com um cliente não é o mesmo cenário que uma entrevista de emprego após a seleção do Currículo? Se fosse se candidatar para ser corretor da Bolsa, não iria comparecer a uma entrevista trajando um terno? E se estivesse aplicando para realizar um trabalho braçal, com certeza *não* apareceria de terno, certo? Todos estes pontos são relevantes para vender «você» no processo de entrevista.

Certa vez me contaram que num estande de vendas um bom vendedor de carros só se aproxima depois que o potencial cliente tocar no carro. Isso ocorre porque o esforço de tocar o carro é um sinal de que este modelo é aquele que está procurando, o primeiro sinal de compra e uma indicação de sua intenção.

Isso é válido tanto para carros novos como para os usados; mesmo algumas «latas velhas» com teto solar e dois escapamentos que mais parecem um «carrinho de mão», têm seu mercado. É possível usar o mesmo princípio com um aperto de mão e a primeira abordagem no estande de vendas que é seu escritório ou mesmo a recepção. Não se esqueça que existem geralmente dois apertos de mão em qualquer reunião: um no início e outro no fim. Ambos contam, seja para dizer «eu quero o negócio, por favor» ou para dizer «obrigado pelo seu tempo e pelo negócio».

Ambos os apertos de mão selam o negócio, assim se assegure que ambos enviem a mensagem correta para o cliente, independentemente de quem seja. Seus padrões pessoais de venda não devem cair nunca, seja vendendo a um milionário ou a um indivíduo de baixa renda. Todos são importantes.

Eu também já presenciei a atitude de um vendedor de muito sucesso que, concomitantemente ao aperto de mão, toca o cotovelo de um cliente - quase um toque duplo. Isso mostra o calor, mas também pode quebrar barreiras futuras. Agora, por favor, não comece a tocar clientes em qualquer lugar que você gostaria. No entanto, tente isso com um amigo ou com um parente e verifique se a reação é diferente e melhor.

Devo acrescentar que você pode muito bem falhar sem um bom sorriso e sem o sempre importantíssimo contato visual. Não se esqueça de limpar os dentes, por favor!

Você acha que este princípio do primeiro contato pode ser estendido ao telefone? Você já deve ter ouvido falar em frases cafonas como «sorrir ao telefone», mas não ignore este tipo de conselho. Seja lá o que fizer e qual for seu estilo, seja claro e conciso na sua mensagem telefônica de venda e na sua oferta, sempre que falar com um requerente ou potencial cliente. A mensagem fornecida pelo telefone deve ser repetida pessoalmente, caso contrário, é provável que você fique na defensiva imediatamente. Conheça sua mensagem de cor e pense a respeito de quaisquer tentativas de objeção que pode receber para assegurar um compromisso. Superar objeções é seu papel e isso começa com a marcação de reuniões.

Por que aquelas irritantes mensagens automáticas de telefone fazem as pessoas pensar que serão bem sucedidas em conseguir um contato do cliente? Talvez eu devesse tentar, «Olá, sou Keith, você tem algum problema em planejar sua aposentadoria? Pressione um para resolver isso, dois para se tornar cada vez mais irritado ou três para ser atirado num abismo.» Quando vão aprender?

Falando de ficar na defensiva, certifique-se que seu interlocutor é quem toma as decisões. Se não, qual a parte que ele vai desempenhar no processo de garantir a venda proposta? Ele é parte de uma equipe de decisão ou apenas um canal para chegar ao tomador de decisão?

Não há nada pior do que se reunir com um interessado e descobrir que o problema a ser discutido não é realmente *seu departamento* e precisa ser aprovado pela «Jennifer, que é chefe de compras» ou descobrir que o tomador de decisão do casal não é o cônjuge que está na reunião.

Na primeira reunião do cliente em seu escritório, ou na primeira visita do cliente ao seu website, essa experiência reflete seus valores e seu processo de venda? Se não, então resolver a discrepância deve ser colocado no topo de sua lista de prioridades.

Potenciais clientes vão julgá-lo no primeiro contato e é nesse momento que formarão as ideias iniciais. O escritório ou o website estava limpo e eficiente? Sua mesa estava atulhada com papéis ou estava limpa, acessível, funcional, como se estivesse pronta para o negócio? Você sentou o cliente diretamente à sua frente em um estilo de confronto, ou a mesa de reuniões é redonda e você se senta *com* o cliente para criar um ambiente amigável e acessível?

Todas essas questões contam na percepção geral de um cliente ou requerente para realizar negócios com você agora e no futuro. Lembre-se, você os quer como *clientes* e não como compradores que compram uma vez e depois não voltam nunca mais.

Da próxima vez que entrar no escritório ou olhar para seu website, faça a si mesmo algumas perguntas. *Eu compraria dessas pessoas*, parece um começo óbvio, certo? Isso, porém, está sob uma ótica meramente técnica. Prefiro ir mais fundo e perguntar a mim mesmo:

- *Sinto-me confortável aqui?*

- *Gosto daqui?*

Se não se sentir confortável nem gostar do lugar, pare então de perder tempo com a técnica de venda por enquanto porque essa mensagem, a importantíssima primeira impressão da venda, estará perdida devido ao ambiente em que você opera.

Repare para a decoração do escritório: no tapete, na limpeza; até engraxe seus sapatos. Se não se importa com essas coisas e não providencia nenhuma melhoria, então seus potenciais clientes podem não se incomodar em fazer negócios com você. Não espere para descobrir que esta é a razão de não estar convertendo requerentes e potenciais clientes em clientes na proporção que foi planejada. Se for o proprietário da empresa, então este parágrafo será extremamente relevante. No entanto, se for um vendedor, então pense sobre seu ambiente e influencie os tomadores de decisão para realizarem as alterações necessárias.

Faça o que fizer, não gaste a bonificação anual para enfeitar o escritório. Em vez disso, certifique-se que ele representa você e sua oferta, pois é seu «showroom». Acima de tudo, ele tem que espelhar os anseios dos seus clientes potenciais. Você pode não concordar comigo neste momento, mas posso dizer por experiência própria que isso funciona.

Capítulo 10 em poucas palavras

Esteja sempre preparado para ajustar seu processo a fim de conquistar o cliente em causa – embora seja necessário ouvir as necessidades deles em primeiro lugar.

Conheça sua mensagem de cor e esteja confiante e conciso na sua proposta de venda. Nunca peça desculpas em contatar o cliente. Você se orgulha do que oferece.

Compreenda o processo de decisão de uma venda. Certifique-se que está sentado em frente à da pessoa que pode aceitar o negócio e assinar os documentos.

Assine aqui, aqui e aqui!...

11. Você foi promovido, «Seu bobão»!

Promoção no emprego

Lembra-se dos meus comentários a respeito das potenciais desvantagens de uma promoção? Bem, essa promoção não foi diferente. Minha ingenuidade levou a melhor outra vez; tive uma experiência de aprendizado após «subir de nível» e me surpreender com a diferença de atitude dos dois locais de trabalho. Todas as mudanças são oportunidades de aprender; estilos diferentes de gestão podem criar novas dinâmicas que precisam ser observadas, apreciadas e até certo ponto controladas. Um bom gerente pode lhe ensinar bem, mas você pode achar que os maiores aprendizados e as compreensões mais profundas podem ser adquiridos através de maiores desafios apresentados por terceiros.

Estavamos em 1997 e minha habilidade comercial estava amadurecendo enquanto começava a entender e a amar a profissão escolhida. Desempenhei muito bem meu papel; era hora de assumir o desafio seguinte. O verão tinha sido quente, o gramado estava bonito e há um limite de vezes que se pode assistir ao filme *The Men in Black* (*Homens de Preto*) e cantarolar a música tema de Will Smith antes de ir à procura de outros entretenimentos.

Adequadamente Vestido?

Para conseguir a promoção, tivemos que ser avaliados durante dois dias e duas noites, na região de Midlands, na companhia de outros aspirantes e dos diretores regionais. O evento aconteceu em um luxuoso hotel e começou com um jantar que nos conduziu a dois dias de testes intensivos. Isso pode parecer desagradável, mas na verdade, foi muito divertido!

Após o almoço do primeiro dia, um teste foi elaborado como parte da avaliação. Cada um de nós, aleatoriamente, teve que sortear de dentro de um chapéu um assunto que viria a ser o tema que prepararíamos para uma apresentação de dez minutos a todos os conselheiros presentes. Eu rezava para não sortear um tema a respeito das regras de aposentadoria anteriores a 1987 em relação aos planejamentos de aposentadoria da empresa. Minha mão tremia ao tirar o papel do interior do chapéu preto redondo e li o tópico:

Drogas Classe C [como eram definidas então] tais como a maconha e a marijuana deveriam ser legalizadas. Discutir.

Acontece que na juventude, eu fazia parte de um sistema educacional global com uma vasta rede social de adolescentes numa região emergente do Sudeste da Inglaterra e tinha conhecimento de cada substância, a que classe pertenciam e porquê. No final da adolescência até experimentei maconha uma vez - mas não senti nada e na época preferi encalhar com os vinte Marlboros diários.

Uma boa maneira de dizer se sua apresentação está indo um pouco bem demais, é ser interrompido depois de 15 minutos por diretores que observam: «Parece que você sabe tremendamente sobre isso, Keith?» com rostos consternados.

Era hora de calar a boca!

Quando for fazer uma apresentação para um público, qualquer que seja esse público, nunca subestime a importância de controlar a respiração, principalmente no início da palestra.

Conscientemente, acalme-se. Ao levantar-se para a apresentação pela primeira vez (e as apresentações são sempre de pé), incline-se para a frente e respire longa, mas controladamente, antes de sorrir. Com as primeiras palavras, expire suavemente, liberando a primeira parte da mensagem de uma forma autoritária. Experimente funciona.

Sincronize seu ritmo com a mensagem e ajuste tanto o tom de voz quanto o estilo para se harmonizar com o público. Não há pressa e seus pensamentos são importantes. A forma com que você transmite controle e autoridade, vai vender você *e* sua proposta.

Você não é um vigário e não quero lhe ensinar o «padre nosso» - mas aí vai assim mesmo: não ponha as mãos nos bolsos durante a apresentação e antes de começar, retire deles qualquer chave ou moeda, pois podem tinir e distrair o público. Vá ao banheiro antes do horário marcado para ter certeza que não vai zanzar desnecessariamente. Evite beber antes do seminário. Haverá o suficiente para você mais tarde, se quiser.

Pessoa robusta

Dois meses após minha promoção, fui informado em outra reunião com meu diretor que conseguira a tão ansiada evolução na carreira. Além disso, ele tinha algumas palavras de orientação para mim.

«Um ponto que foi observado durante sua avaliação é que você é uma pessoa robusta e não se veste corretamente», afirmou. « Gostaria de sugerir, que ao aceitar essa proposta, você fosse a um alfaiate e encomendasse um terno bem ajustado escuro, é claro; o paletó tem que ter um abotoamento simples. Recomendo manter os bolsos externos costurados para evitar que coloque chaves, pois fazem volume que deforma a roupa; gostaria de sugerir também que as calças tenham barra italiana».

O que eu poderia fazer? Meus dias de usar ternos comprados em lojas populares estavam contados.

Por ironia, após gastar £ 800 (aproximadamente R$2.183,00) em dois ternos sob medida (isso foi em 1997), em quinze dias, acidentalmente, consegui rasgar a ambos. Não fiquei nada feliz com isso.

Algum tempo depois, foi marcada a inspeção trimestral que seria realizada por este diretor. Sendo um obstinado por apresentação, tive a certeza que a minha estava impecável. O terno estava bem passado, os sapatos engraxados e o carro lavado. Naquela manhã, fui a uma reunião para uma nova proposta e retornaria à filial por volta do meio-dia.

O novo proponente era um fabricante de tijolo e quando cheguei às instalações, a produção estava a todo o vapor. Na volta, ao abrir a porta do carro, olhei para baixo e vi um tapete de lama espalhado pelo carro e sobre meus sapatos. Que pesadelo! Mas como diz o provérbio inglês, «onde há sujeira, há dinheiro». Contratei um serviço de limpeza de emergência que valeu a pena, pois cheguei à agência em cima da hora para a inspeção.

O diretor era um homem bom e eu sentia um grande respeito pela sua ética de vendas. Mas com a proliferação de computadores, de telefones celulares e da comunicação online e das repostas por e-mails e por telefones celulares, a função de vendas estava se tornando cada vez mais sedentária. Essa diminuição de atividade física provocou um efeito negativo sobre minha silhueta originalmente esbelta.

Silhueta significa agora para mim um *contorno de grande porte*. Não seria uma boa ideia, da próxima vez eu encomendar um terno que terá um paletó transpassado de abotoamento duplo?

Aprender mais com todos os estilos de gestão

É um comentário estranho, mas verdadeiro, se você sabe o que procura. Aprender com os erros das outras pessoas e de seus próprios, é difícil de aceitar, mas muito útil.

Às vezes você alcança um estágio na empresa em que se pergunta: *O que faria o gerente numa situação como essa?* E se na sua conclusão, você se posicionar numa direção inteiramente oposta, sabe que estará certo. Isto é estranho e até certo ponto surpreendente. Nos meses seguintes tive uma lição de como *não* alcançar o sucesso de vendas.

Uma demonstração inspiradora de compromisso para vender era um conceito de marketing chamado *Sintonize* em WIIFM: que é um acróstico para a frase *What's In It For Me,* que significa *O que ganho com isso?*

Esse conceito surgiu enquanto um gerente de vendas compartilhava uma técnica vencedora com sua equipe. Esta foi projetada para explicar que com um esforço maior no processo de venda, é possível obter mais benefícios em termos de dinheiro e de reconhecimento. Acho que a frase deveria ser ligeiramente alterada para *O Que só Ele Ganha com Isso?*

Será que este conceito funcionou? *Não!* Alimentou desprezo no ambiente de vendas e na equipe? *Sim!*

Como parte da promoção da empresa, a cada ano foi organizada uma série de seminários para os clientes a fim de promover a empresa e os funcionários da filial. Cada vez uma outra localidade grande e bem conhecida era selecionada para sediar o evento. Isto era em parte para acomodar confortavelmente mais de 100 pessoas; ademais se a ambientação fosse boa, como no Joquei ou num outro grande clube, alguns frequentadores poderiam aparecer para aproveitar o chá com bolo (chá com bolo mesmo! Nada de café e salgadinhos como é costume no Brasil em eventos como esses). Esses eventos aconteciam paralelamente às reuniões gerais anuais das Sociedades Anonimas e de Sociedades Mutuas (tipo específico de sociedade existente no Reino Unido); tinham que estar lotados e o cliente certo tinha que estar acomodado no lugar certo.

Tive uma experiência em que o gerente adoeceu pouco antes de uma apresentação conjunta em um desses seminários. Embora isso significasse que eu teria que fazer duas apresentações: a minha e a dele, sem tempo hábil para me preparar, foi uma oportunidade para que eu brilhasse, ao invés de permitir que ruisse todo o trabalho duro que tivemos.

Um acontecimento inesperado assim sempre tem seu lado positivo. Sobreviver a ele, e até mesmo transformá-lo em um triunfo pessoal, significa que qualquer soluço que possa surgir em uma apresentação pública não é mais um problema; é possível, com dedicação, superar qualquer imprevisto e conforme o tema ao longo deste livro, você pode se destacar se sempre representar a si mesmo em primeiro lugar.

Trabalhe esta meta de vendas, garoto!

A tarefa ou cargo seguintes referentes à promoção é *vender*. Ao ser informado ou após ter negociado sua meta de vendas para o ano comercial ou civil, como calcula gerir seu ano de vendas?

Não seria inteligente pegar a meta, digamos, uma renda anual de R$ 50,000 (para facilitar) e dividi-la por 12 meses (R$ 4,200 por mês) e, em seguida, aplicá-la para o ano - seria? Por favor, não faça o cálculo errado neste momento ou nunca será um consultor financeiro. Se fizer isso, assume que não terá férias, que os meses de agosto (verão na Europa) e dezembro serão tão movimentados quanto o resto do ano e que sua produção é executada sem percalços a cada mês. A vida e as vendas não são tão fáceis assim.

Você terá aproximadamente de seis a oito semanas de férias e curtas interrupções durante o ano. Caso contrário, provavelmente vai se desgastar. Certifique-se de tirar folgas e ficar afastado dos negócios. Tenho certeza de que seu *Blackberry* irá com você, assim não estará tão longe de sua mesa de trabalho amada. Mas não deixe que o *Blackberry* (ou o *laptop*) se torne o terceiro elemento em seu processo de divórcio. Férias é o que a palavra significa e esta é a hora de compensação para ambos: você e os seres amados. Os *Daikiris* de morango numa praia ensolarada em Barbados não se bebem sozinhos. Precisam de você!

Gozar as férias e interromper a agenda devem permitir que divida seu ano de produção comercial em 10 meses e depois pense nos picos de produção desse ano.

Como exemplo, a experiência nos serviços financeiros me mostrou que o pico de produção vem duas vezes por ano, ou seja, em abril-maio e em novembro. O primeiro pico é geralmente atribuído ao final do ano fiscal e o pico de novembro é devido ao fato de que a maioria das pessoas gostam de prazos. O que quero dizer com isso? Com o Natal chegando, examinam as finanças e percebem que não cumpriram a promessa feita a si próprios, 11 meses antes, como uma resolução tomada no Ano Novo: a de fazer um planejamento financeiro; então resolvem fazê lo.

Para ser bem sucedido, você e sua família devem compreender que provavelmente você não vai ter nenhum feriado durante esses três meses.

Os meses em que você não espera ter vendas e produção elevadas, poderiam ser dezembro, janeiro e julho-agosto ou «meses de férias e meses de planejamento», como serão chamadas a partir de agora.

Durante estes meses, você também deve planejar ou atualizar a estratégia de vendas para garantir o máximo desempenho, principalmente em abril e em novembro. Vale a pena atualizar a estratégia de vendas a cada trimestre, porque as liquidações sazonais são como as estações do ano. E como você bem sabe, no Reino Unido (e também no Brasil) nem sempre acontecem conforme o previsto.

Com esses pensamentos em mente, sua meta de vendas de R$ 50,000 de produção para o ano civil pode ser dividida da seguinte forma, como por exemplo:

Mês	Meta de Vendas	Outras Notas
Janeiro	R$ 2,400	Mês de Planejamento
Fevereiro	R$ 3,600	Formação de vendas
Março	R$ 4,800	
Reveja o progresso das vendas e a estratégia		
Abril	R$ 6,400	Pico de Vendas
Maio	R$ 6,000	Pico de Vendas
Junho	R$ 4,000	
Reveja o progresso das vendas e a estratégia novamente		
Julho	R$ 3,200	Mês de Planejamento
Agosto	R$ 2,400	Férias e Planejamento
Setembro	R$ 3,200	Formação de Vendas
Último trimestre, reveja e faça mudanças para alcançar sua estratégia global		
Outubro	R$,4,800	
Novembro	R$ 6,400	Pico de Vendas
Dezembro	R$ 2,800	Mês de Planejamento e um pouco de comemorações
Total	R$ 50,000	Meta de Vendas + 5%

Ajuste estes números para atender às suas ambições e expectativas.

Deixe sempre uma margem positiva na meta de vendas a fim de manter o gerente feliz e longe. Lembre-se: é preciso controlá-lo no processo e não o contrário.

Assumindo que seja bom no que faz (e você é), seria de se esperar que sua produção seja maior do que a da média para a filial ou para a região. Isso é justo. Mas certifique-se que conhece quais são essas médias para medir a exigência que está sendo verdadeiramente cobrada. E se não concordar, no sentido positivo ou negativo, então certifique-se de defender seu terreno e negociar duro. Isto lhe permitirá preparar a meta de vendas pessoais sob uma luz mais positiva e de acordo com sua aspiração.

Além disso, você pode ser capaz de trazer para a reunião de metas de vendas outras ferramentas de negociação e oferecer-se para ajudar seu grupo imediato e a empresa como um todo. Você pode demonstrar que acrescenta uma mais-valia ao defender novas ideias ou ao ajudar outros membros da equipe ou novos recrutas em uma abordagem «de camaradagem».

Novas ideias e iniciativas são a força vital de qualquer organização progressista e normalmente começam ao nível do solo. Sempre acrescente à parte mais do que você retira e assegure-se que o mundo em que opera melhora sob seu olhar. Pressione as barreiras de produção e a inovação para tornar a organização melhor do que é.

Infelizmente, o dia primeiro de janeiro pode ser um dia de *des*motivação quando seu bom ano de vendas transforma-se em zero no início do novo ano. Acalme-se (e cure a ressaca decorrente da noite anterior) e comece a planejar novamente. Por mais que a festa tenha sido boa - fui a algumas excelentes - a meta de vendas ainda estará lá e as contas continuarão a chegar. A família vai continuar a apoiá-lo e a seus objetivos também, então, prepare-se psicologicamente.

É muito bom discutir e planejar as vendas para o próximo *ano*. Para atingir esses objetivos você também tem que planejar para o *dia* seguinte. Algumas das pessoas mais bem-sucedidas que conheci não são as mais espertas - mas tem a capacidade de planejar o futuro, seja a próxima hora, dia, semana ou ano.

Parte do sucesso pode ser atribuído a algo tão simples como elaborar uma lista *de fazer* diariamente. Tenho usado este sistema e funciona bem. Permite que se extraia mais benefícios do seu dia de trabalho. E seu custo? No começo do dia, em cinco minutos dê um «download» de tudo o que há no seu cérebro e anote tudo o que precisa fazer e alcançar – independentemente se essa tarefa for grande ou pequena, complicada ou simples – ponha tudo em sua lista todas as manhãs. Em seguida, tenha uma caneta marca-texto à mão e risque cada item à medida que for executando as tarefas.

No final do dia você deve ter um pedaço de papel colorido, ostentando todas as linhas conseguidas em relação às tarefas propostas. Se não conseguir realizar uma tarefa, anote-a no topo da lista *de Fazer* do dia seguinte. Também acho que me facilita resolver as tarefas mais difíceis primeiro – mas, repito, isso é em parte por ser uma pessoa matinal cuja maior parte da energia produtiva acontece no início do dia.

Não se esqueça de adicionar «Vá para casa no final do dia!» na parte inferior da lista para garantir que o consiga.

Experimente-o por uma semana e observe se sua produtividade e os níveis de satisfação aumentam. Penso que você vai achar que funciona.

Ligue a TV agora, acabou

O fim da linha chegou em dezembro de 2000, quando a empresa em que trabalhava fechou para novos negócios. Foi um dia estranho e triste e vai ficar comigo para sempre. Sentia-me comprometido com a empresa. Eu tinha encontrado meu lar profissional. Estava porém, assim como na passagem bíblica do livro de Daniel, «escrito nas paredes» durante meses; até certo ponto não foi nenhuma surpresa. Todos sabíamos que algo drástico tinha que acontecer para solucionar a situação contabilística - mas ainda era uma proposição assustadora.

Numa manhã fria de dezembro, fui acordado por um telefonema às 6h15min.

«Ligue a TV agora!» gritou uma voz um tanto angustiada. O fim do meu vínculo empregatício estava na televisão enquanto o sorridente apresentador da BBC detalhava como ocorreu o fim do meu empregador amado e quais eram as perspectivas para todos os envolvidos.

Após me vestir, pulei para dentro do meu BMW, um coupé cor de bronze alaranjado e não, não sou daltônico, agarrando antes uma torrada pelo caminho e prontamente peguei o rumo para o escritório. A ironia foi que ouvi no rádio do carro a música tema do desenho animado *Bob, o Construtor:* «Podemos Consertar?» - não foi divertido. Neste caso não poderia ter sido!

Em grandes negócios, sei que há protocolos que precisam ser respeitados no sentido de prestar contas aos reguladores e ao governo antes que haja vazamento de qualquer informação para o público; isso geralmente significa que o pessoal e os tomadores de seguros são os últimos a serem informados. Um dia, talvez, os «manda-chuvas», ao tomar consciência disso, possam humanizar essa situação de comunicação profundamente insatisfatória.

As semanas seguintes foram difíceis para o pessoal e da mesma forma para os tomadores de seguros com as muitas reclamações a serem recebidas devido ao fechamento da organização. O dia final para a equipe veio em fevereiro de 2001, na mesma época da crise da febre aftosa no Reino Unido. Não acredito que as duas questões estivessem relacionadas. No momento de terminar este livro, ainda não havia uma luz no fim do túnel para os tomadores de seguros.

Uma grande sessão de motivação e de manutenção do pessoal foi realizada em um hotel em Londres, com a finalidade de vender uma proposta de novos postos de trabalho para a equipe e nos manter juntos. Que gozação festiva! Será que os gestores receberiam da empresa um grande bonus se conseguissem manter o maior número possível de funcionários nas equipes de vendas? Claramente, a equipe de vendas representava o principal valor do negócio a ser comprado. Nunca tinha visto um bando de gerentes bajulando seu pessoal de forma tão ansiosa; foi tudo muito indigno.

Foram entregues a todos envelopes marrons, bons e ruins (lembre-se do bônus possívelmento retido pelo gerente) contendo avisos de demissão individual e uma proposta para começar um emprego em outra empresa - no mesmo edifício, desempenhando a mesma função, na mesa de costume, com o mesmo salário e telefone ... e claro, com a mesma BMW da empresa.

Não! Esta realidade era muito estranha e nada atraente. Era hora de abandonar o barco que tinha infelizmente naufragado.

Tenho a honra em ter tido a experiência de trabalhar em um dos esteios de seguros do mundo e disso não me arrependo. Pessoalmente perdi – da mesma forma que os outros tomadores de seguros – o que era esperado devido à minha crença pessoal no que vendia.

O barco afundou. Aguarde muito ranger de dente para o futuro. Pelo menos o trabalho, entretanto, financiou o primeiro divórcio conturbado.

Capítulo 11 em poucas palavras

Mapeie o seu ano de vendas para ganhar mais espaço e tempo para pensar em alcançar o sucesso.

Braindump, ou melhor, dê um download do seu cérebro de tudo o que precisa para alcançar e faça todas as manhãs, uma lista de «a Fazer» e observe o aumento da produtividade. É sua lista e você sabe o que deseja alcançar e conseguir.

Represente a si mesmo primeiro, não o que os outros queiram que faça, especialmente quando o barco estiver afundando.

Assine aqui, aqui e aqui!...

12. Facas de dois gumes

Benefícios em espécie podem ser uma faca de dois gumes

Seu salário pode ser razoável, mas a comissão ou bônus vão fazer a diferença - juntamente com o carro da empresa e o plano de aposentadoria. Se não tiver dúvidas quanto às próprias habilidades, então os pagamentos de bônus deveriam ser regulares e abundantes.

Isso levanta algumas perguntas. O bônus ou comissão antecipada serão pagos realmente ou é apenas uma ficção? O diabo está nos detalhes do contrato do seu empregador.

Quanto mais complicada for a estrutura da comissão ou bônus, maior a probabilidade do gerente de vendas ou diretor dar um jeito de não pagá-los. Quando anunciam «uma meta de rendimentos» de digamos, £ 60.000 libras por ano (aproximadamente R$163.824,00), com um salário base de, digamos, £ 30,000 libras (aproximadamente R$ 81.912,00), podem realmente dizer que vão pagar £ 30,000 e «pendurar» o resto.

Você não vai permanecer nesse papel durante muito tempo se for provado que esse seja o caso. Conheci muitas boas pessoas que têm sido trapaceadas pela organização de vendas em que trabalham e o empregador espera que não tenham coragem de pedir demissão. Alguns realmente não têm essa coragem e arrependem-se pelo resto da vida.

Muitas empresas vão lhe oferecer um subsídio de formação acrescentado a um salário-base. O subsídio de formação é geralmente disponível por um período de, digamos, seis meses e supõe o cumprimento de um processo de treinamento padrão, como:

- Treinamento para conhecer integralmente a forma e a cultura da empresa: dois meses

- Construir um canal de vendas: dois meses

- Concluir vendas bem como preparar novas vendas: dois meses

Estas expectativas são razoáveis. O objetivo é que após o período de formação, o subsídio será compensado pelas comissões decorrentes dos resultados obtidos nas vendas. Será melhor ainda se você, rapidamente logo no início, começar as vendas para obter uma renda significativa por mais três meses. Tudo isso é fantástico se puder ser cumprido por ambas as partes contratuais.

Esse nem sempre é o caso. Tenho visto situações lamentáveis em que os indivíduos ficam desesperados em relação a uma venda específica que está sendo compartilhada entre dois colegas ou dois departamentos, mesmo antes de ser feita. A sugestão que se «comece a venda antes de discutir sobre quem recebe o quê» chega a um ponto no qual a venda se torna inútil devido à amargura e às disputas que sua conclusão possa causar. Oferecer um bom aconselhamento ao cliente e completar uma boa venda deve ser uma experiência gratificante, e não uma decepção.

O próximo ponto pode parecer óbvio para qualquer um que trabalhe em um ambiente de vendas. Tem a ver com os egos e com a hierarquia de uma equipe ou de um ambiente de vendas. É claro que me refiro ao símbolo fálico que representa o carro da empresa.

Uma companhia em que trabalhei costumava, a cada seis meses, apresentar uma lista de carros novos para mostrar quais os modelos que a equipe de vendas poderia aspirar. O mundo parava na maior parte desse dia. Cada indivíduo comparava e contrastava cada modelo de carro com as opções que poderia conseguir com seu «plafond» baseado no cargo que ocupava na empresa; poderia conseguir um «upgrade», desde que fosse adicionada uma quantia paga pelo próprio bolso. Certa vez estupidamente acrescentei uma quantia quando me apresentaram uma seleção de carros; logo me arrependi. Mesmo sendo vidrado em carros, achei que isso foi uma «furada» e um desperdício de tempo.

Então, devo ter um Audi com o estofamento de couro opcional ou um Ford, com as talas mais largas? Decisões! Decisões!

Acho estranha a exigência de alguns empregadores de que se coloque um número de telefone celular no cartão de visita, mas ao mesmo tempo se recusam a arcar com os custos. O propósito do número de celular é permitir que os clientes o encontrem - e também para que o empregador seja capaz de ter acesso a você, onde quer que *você* esteja.

No entanto, há um benefício que acompanha o telefone celular.

Para melhorar as próprias perspectivas, sempre mantenha o mesmo número de telefone celular. Assim, mesmo se deixar um empregador, os *clientes* ainda conseguem contatá-lo. A maioria dos contratos de emprego restringe que se contate os clientes por um período de tempo após a saída do emprego - o que é inteiramente justo. No entanto, isso se aplica se é o cliente que contata você? Lembre-se, as pessoas compram as pessoas.

É um jogo de equipe

A maioria das pessoas gosta de sentir que «fazem parte», isso lhes confere propriedade e vínculos em relação a pessoas que de outra forma nem conheceriam. Acontece o mesmo com a maioria dos grupos, seja no time de rugby ou na equipe de vendas.

Vamos a um jogo diferente - o futebol.

O que acontece com os serviços financeiros, que faz com que se tenha de torcer por um time de futebol ou mesmo adorá-lo? Você pode ter optado para agir como o *nerd* do escritório e torcer pelo time que a empresa patrocina - mas por que o futebol é tão importante? Faz parte da psicologia dos serviços financeiros?

Pode ser divertido assistir a um jogo da seleção nacional enquanto se bebe uma cerveja gelada, mas eu não diria que seja um fã de futebol. Ao amadurecer, fui perdendo o interesse juvenil pelo futebol e agora prefiro o rugby e as corridas de Fórmula Um. Eu não dou a mínima se o Arsenal perde para o Manchester United ou vice e versa.

No entanto, enquanto trabalhava em Londres, comecei a perceber que isso não seria aceitável para meus colegas. Você *deve* ter um time. A negação é o caminho direto para o esquecimento social no escritório.

Então, Reading FC são meus meninos, porque eu morava na cidade de Reading. *Isso*! Tenho um time de futebol e torno-me instantaneamente parte da «equipe» do escritório. Já consigo ouvir você gritar: «Reading? Quem são eles?» Talvez eu tenha feito uma má escolha quanto ao time de futebol, mas, independentemente do seu sexo, *não ter interesse em futebol* é totalmente inaceitável.

Felizmente, não é necessário ter interesse para ser capaz de, do seu jeito, blefar totalmente. Para me manter suficientemente informado nestes assuntos referentes ao campeonato, lia a última página do jornal *Metro* durante minhas deslocações diárias. Daí eu podia «dar corda» aos colegas que torciam por quem quer que tenha perdido o jogo na noite anterior, fazendo algum falso comentário sobre o fato de que o segundo gol foi, na verdade, impedido, e «será que o árbitro estava fazendo uma pausa para o chá quando isso ocorreu?»

Ninguém no escritório precisa suspeitar que você não conhece, nem se preocupa, com o que realmente aconteceu no jogo ou no campeonato.

Estranhamente, no entanto, se perguntar aos colegas se acham que Jason Button escolheu corretamente pneus macios no primeiro «pit stop», considerando a chuva que estava prestes a cair, haverá um silêncio de pedra como resposta. Por que é que o conhecimento de uma atividade sem sentido funciona e em outra não? Isso é um segredo que simplesmente não consigo penetrar.

Falando de camaradagem, deixe-me dizer uma palavra sobre o valor de colegas de qualidade - pessoas de sua confiança e respeito, que trabalham geralmente na mesma equipe de vendas que você. Eles também podem exercer funções administrativas junto à equipe de vendas.

À medida que se amadurece, o time de futebol pode perder a importância e os assuntos das conversas passarão a ser as famílias e suas necessidades. Preste atenção neste ponto, uma vez que isso gerará vínculos e coesão em sua equipe.

Torcer por um time de futebol não é importante, mas estar envolvido nas brincadeiras do escritório certamente é e não deve ser subestimado. «*Vai Reading!*»

A virtude dos amigos para a vida no ambiente de trabalho

Como as carreiras e os empregos mudam, você conhece muita gente no seu dia-a-dia. Alguns desaparecem tão rapidamente quanto chegaram. Alguns você só *deseja* que tivessem desaparecido tão rapidamente quanto chegaram.

Um ou dois amigos verdadeiros vão prender sua atenção e amizade durante anos. Através de dificuldades e glória, vocês vão compartilhar a sabedoria profissional para beneficiar tanto a indústria quanto a vocês próprios. Eles terão a mesma ética, crenças e experiências comerciais que você e estarão lá para agir como uma câmara de eco para ouvir seus desabafos e suas mágoas e sentir empatia em qualquer fase da sua vida profissional.

Tenho um pequeno grupo de colegas que tem opiniões semelhantes às minhas e são especializados em discagem rápida. Ao surgir um problema, posso escolher o melhor deles para derramar minhas preocupações ou ideias. Não há competição entre nós e sei que *eles* também vão me telefonar ao aparecer um problema em que precisem de um parecer.

Às vezes ligamos uns aos outros para bater papo e confirmar como estão os negócios ou quais são os planos para o próximo trimestre. Ganhamos um maior entendimento compartilhando nossas experiências. Muitos presidentes de conselhos de administração, diretores financeiros e presidentes de grandes organizações empresariais também compartilham ideias e frustrações da mesma forma - desde que as regras o permitam. Eles entendem a virtude desse diálogo informal. O mundo não giraria sem essas comunicações.

A virtude do apoio administrativo.

O bom navio Keith não navegaria sem problemas, se não tivesse apoio. Deve haver um ditado: *Por trás de cada boa pessoa existe um grande administrativo.*

Alguns sistemas de administração da indústria e as pessoas que os utilizam são fantásticos. Eles mantêm uma tolerância que pode avaliar seus erros e corrigi-los quando aparecerem. Compreendo que você não estará em estado de choque nesta altura já que detalhei muitos dos meus caminhos tomados erradamente. *Todos* nós cometemos erros e é preciso trabalhar com um bom administrativo para corrigi-los.

Afinal de contas, a máquina de vendas falha sem o marketing, as vendas, a administração, os fechamentos e os bancos. Mas quanto mais simples for o processo de administração de vendas para você, para o cliente e para o administrador, menores os custos para a empresa e maiores serão o sucesso e o lucro. Um negócio tem tudo a ver com isso.

O oposto, com sistemas ou administrativos fracos, pode ser verdadeiro. Se deseja ser um vendedor em qualquer empresa, analise detalhadamente os formulários, folhetos de vendas e informações, processos e a qualidade do serviço para garantir que atenda às suas expectativas e valores. Afinal, é você que vai ajudar os clientes a preencherem os formulários; *você* terá que se sentir seguro com estes. Responda antes de assinar o contrato de trabalho: você sente segurança que vai conseguir que o cliente assine o formulário de proposta?

Qualificações da indústria

Prestei a maioria dos exames profissionais entre 1994 e 2007 e esses são pertinentes a este período e às experiências futuras.

A título de informação, as qualificações profissionais têm um uso limitado sem a experiência. Ensinam-lhe as regras e regulamentos, as diversas facetas dos impostos, as complicações de produtos e as opções disponíveis para a consultoria e isso é importante. O que os exames não vão ensinar é a aplicação desses pontos a um cliente e suas circunstâncias. Isto, na minha opinião, só vem com a experiência.

À medida que nos aproximamos de uma nova era para as exigências de prestação de consultoria financeira, a questão do nível e da relevância das qualificações vem à tona e só vai aumentar num futuro próximo. O que deveria contar: a experiência, ou as qualificações mais do que a experiência, ou ambas?

A combinação de ambas é muito poderosa. Esta discussão não vai continuar a acirrar os ânimos por muito mais tempo porque os níveis mínimos de qualificação estão sendo definidos e «direitos adquiridos» (onde o tempo e a experiência na indústria são tão considerados quanto as qualificações) não parecem ser prudentes ou viáveis para as autoridades reguladoras. A indústria global parece ser uma profissão para uma pessoa mais velha e poucas pessoas estão interessadas em estudar em uma fase tardia da vida.

Algumas pessoas tomam a atitude de que «se não estiver quebrado, então não corrija». Além disso, no caso de alguns exames, não ajuda o fato de terem sido introduzidas taxas caras (e obrigatórias) para prestá-los. Como efeito, uma questão de lucro pode provocar um afastamento da nossa indústria de pessoas que são adequadas e entusiastas.

Tendo realizado muitos dos exames importantes da nossa indústria, daria o seguinte conselho: *não utilize só uma só banca ou instituição de exame para seus estudos.*

Falhei em alguns exames na primeira tentativa, não devido à capacidade limitada de aprendizado, mas por não responder no estilo desejado. Depois de algum tempo, comecei a perceber que cada banca examinadora tem um estilo próprio para aprovar, alguns melhores e mais amplos do que outros; você pode achar em qual se adapta melhor. Você deve estudar o conteúdo de cada banca examinadora separadamente para aprender o respectivo estilo preferido de aprendizado. Para consegui-lo, basta comprar exames já realizados. Mais informações sobre as opções disponíveis podem ser encontradas na seção de Recursos no final deste livro.

Avalie-se realizando testes em diversas bancas examinadoras. Não há uma resposta única para os exames da indústria de serviços financeiros, portanto pesquise. Facilitar a vida já é meio caminho andado.

É claro que os exames são importantes - mas é sua aplicação no mundo real o teste exato para um planejador financeiro verdadeiro. É preciso muita habilidade, mas isto vale em qualquer profissão que lide com negócios. Ter uma qualificação e depois praticá-la são duas coisas diferentes. Esta é uma discussão antiga: se você estuda para ser aprovado ou para aperfeiçoar a si mesmo e sua compreensão. Não tem cabimento ser aprovado num exame para exibir o certificado e não aproveitar nada dele.

Certa vez, conheci uma moça que tinha acabado de se qualificar no campo escolhido, aos 22 anos, embora já estivesse trabalhando na indústria durante cinco anos. Estava encantada por se qualificar; admitiu que alcançara o auge de suas realizações e não precisava fazer mais nada, a não ser acampar feliz para o resto da vida. Pessoalmente, sempre pensei em obter uma qualificação como início de uma carreira e não como o fim de qualquer aspiração.

Se estiver obtendo uma qualificação, pense aonde ela vai levá-lo - ou onde vai levá-lo se combinada com a própria sede para o sucesso. Em seguida, esforce-se para exceder essa meta pessoal.

Lembre-se sempre, porém, trabalho demais e lazer de menos podem torná-lo aborrecido... especialmente no mundo dos seguros.

Muitos recém formados das universidades encaram o fim do curso de graduação como o início da carreira, ao invés de apenas o fim dos exames. Esperam participar de um ambiente dinâmico que ofereça excelentes perspectivas.

Tendo feito uma graduação pouco tempo depois, eu era capaz de partilhar a própria experiência em serviços financeiros enquanto testava sua utilidade para alcançar qualificações. Após quatro meses de emprego, prestara os exames básicos de graduação e passei para o nível seguinte.

Há sempre o risco de que os diplomados serão rapidamente absorvidos na indústria pelos «manda-chuvas» porque, uma vez qualificados, podem ser uma valiosa mercadoria geradora de renda de qualidade. Isso é algo que deve ser aceito. Mas se o diplomado estiver posicionado para atuar na indústria como planejador financeiro profissional, ao invés de um vendedor de produtos agressivamente focado, terá um custo baixo para a indústria.

Espero que as propostas da Autoridade de Serviços Financeiros para os novos métodos de distribuição claramente definidos para a consultoria financeira privada do Reino Unido (para o público e empregados) atrairão mais diplomados para tornar a profissão um lugar ainda mais vibrante. Isto seria bom para nós, como profissionais, e para nossos clientes também.

A relevância do aprendizado pode aparecer mais tarde

Eu não era acadêmico na escola e os testes do tempo, tais como o casamento, as hipotecas e o divórcio contam pouco para auxiliar na inclinação.

Já maduro, aos 37 anos, entrei na Faculdade de Estudos Financeiros da Universidade de Napier, na Escócia. Em um trimestre, estudamos o perfil e o estilo de gestão de Sir Fred Goodwin, o ex-presidente do banco «Royal Bank of Scotland». Foi certamente um homem focado e dirigido. Vários textos indicam que tinha o seguinte estilo de gestão: «vá para sua tarefa e só se desvie quando terminar». Baseado nos clientes e nas pessoas bem sucedidas que conheci, seja qual for a profissão ou indústria que seguiram, esta estratégia funciona.

Cursar uma faculdade quando se é mais velho é uma tarefa interessante devido à carga de trabalho adicional que se concorda em realizar enquanto simultaneamente temos que cumprir as exigências normais do trabalho e da vida doméstica, se for o caso.

Pensamentos preocupantes

Enquanto escrevia este livro, meu sogro faleceu. Ele tinha 85 anos, era um homem muito humilde e atencioso. Teve uma vida extraordinária servindo no Comando da Marinha Real Britânica na Segunda Guerra Mundial. Tornou-se um leigo que fazia parte do tecido da comunidade em que serviu. Ele tinha convicção de seus valores e neles se manteve - eu o respeitava por isso.

O luto é uma experiência grave e preocupante para cada família - mas traz consigo o peso do entendimento de que a morte caminha lado a lado com a vida em curso e que a geração seguinte deve assumir o próximo espaço da correia transportadora da maturidade nesta vida. Exige também um membro da família para entender as finanças da pessoa que morreu enquanto cuida das necessidades da viúva ou viúvo e do resto da família.

O luto também concentra a mente no planejamento financeiro e o valor real que se extrai de investimentos durante a vida.

Há anos, eu tinha a impressão de que a idade de 65 anos para se obter a aposentadoria fora inventada por Bismarck, primeiro ministro da Alemanha. Estava correto quanto ao «inventor», mas originalmente a idade sugerida foi 70 anos. A Alemanha foi a primeira nação no mundo a usar um programa de seguro social para a velhice, adotado em 1889. Este foi realmente criado por Otto von Bismarck. A ideia da aposentadoria foi proposta pela primeira vez com o fundamento de que «*aqueles que são deficientes para o trabalho por idade e invalidez têm uma reivindicação bem fundamentada para ficar aos cuidados do Estado*».

A Alemanha inicialmente fixou em 70 anos a idade da aposentadoria e só 27 anos mais tarde, em 1916, esta idade foi reduzida para 65. Por essa data, Bismarck já estava morto havia 18 anos. É interessante que tendo a longevidade da população do Reino Unido aumentado, a idade legal para se aposentar tenha começado a aumentar a partir dos 65 anos.

Meu sogro tinha 85 anos quando faleceu. Como qualquer atuário vai dizer-lhe, viveu aproximadamente um ano acima da média de um homem de classe média que recebe o benefício de aposentadoria. Atuários podem ser caras excitantes.

Isto sugere algumas observações:

- O dia que se começa a receber o benefício da aposentadoria não afeta o dia em que se vai morrer. Meu sogro recebeu aposentadoria durante 25 anos. Era um homem de sorte. Beneficiou-se da anuidade do seguro em grupo em que se filiou aos 60 anos. Muitas pessoas morrem cedo durante a aposentadoria, subsidiando o seguro. Então, pense cuidadosamente antes de adiar a aposentadoria - pode ser tarde demais. Eu normalmente gostaria que um cliente se beneficiasse do valor de uma pensão por um período de 20 anos.

- Estas sábias palavras vêm de mim na tenra idade de 43 anos. Posso parecer um garoto ao dizer isso, mas é muito provável que o primeiro tempo do meu jogo já acabou e estou no vestiário sendo censurado raivosamente pelo técnico pelo fato do meu desempenho pessoal não ter sido suficientemente bom na primeira metade da vida e que se eu não ganhar coragem nesse jogo, vou perder a partida. Se você receber a aposentadoria durante 20 anos, então só tem 20 anos ou um pouco mais de vida ativa para guardar o dinheiro suficiente para poder desfrutar seu crepúsculo.

- E o que dizer de seus clientes? Onde estão em *seus* ciclos de vida? Estão subindo, aspirando, satisfeitos ou resignados? Compreenda a fase da vida em que se encontram rapidamente. Não se pode encontrar esta questão listada em questionários pró - forma. Você precisa ver e conhecer seus clientes por si mesmo, para entender onde estão e sentir empatia.

Papai Noel está chegando

Eu era o caçula da família. Minha mãe lidou bem com as crianças correndo pela casa, embora nos mantivesse a tiracolo, onde pudesse.

Quando se tratava de aniversários, especialmente quando éramos jovens, éramos frequentemente lembrados de que, por ser a matriarca da família, *seu* presente era para ser algo especial e pessoal. E quando crescemos e depois de alguns anos de prática, isso se tornou uma tarefa simples, mas mesmo assim, exigia tempo para garantir que se acertasse na escolha do presente.

Esta experiência foi mais tarde aperfeiçoada devido aos erros cometidos nos primeiros anos de vida. Comprar uma panela ou luvas de jardinagem não era uma boa ideia, estes eram considerados artigos para o lar e impessoais demais para um projeto de aniversário. Uma discussão poderia ser criada se você comprasse errado.

No final de novembro, recebi um formulário de um senhor de um bairro elegante de Berkshire, indagando sobre a rapidez com que uma nova contribuição poderia ser feita para uma apólice de aposentadoria para a esposa. Isso foi muito específico e tornou-se uma *tirada de pedido* ao invés de uma venda: havia tempo suficiente para preparar a documentação da apólice para o dia 24 de dezembro? A razão do pedido dos documentos era que a apólice seria um presente de Natal! Fiquei um pouco perplexo com esta manifestação de generosidade para com um ente querido, mas não estava em posição para questionar esta expressão de amor desinteressada.

O que faz alguém pensar que tal «bugiganga», uma apólice de seguro para aposentadoria, estaria no topo de sua lista de desejos de Natal?

Sugiro que não tente fazer isso em casa; como os olhos de seu consorte podem brilhar na manhã de Natal com algo que não dá *prazer*, enquanto seus dedos acariciam os números da apólice de aposentadoria tão cuidadosamente selecionados por você. Apesar da brilhante carteira de plástico que guarda os documentos, talvez o ente querido estivesse esperando algo mais pessoal no dia

25 de dezembro do que um presente útil para a velhice.
Talvez tivessem desejado sua atenção mais concentrada
enquanto rasgam o papel de presente ao lado da árvore
de Natal e partilham uma grande taça de conhaque ao
descobrir qual o presente que receberam.

Lembre-se, uma aposentadoria pessoal é para a vida, não
apenas para o Natal.

Capítulo 12 em poucas palavras

No Escritório, camaradagem e envolvimento em brincadeiras valem muito a pena e seu valor não deve ser subestimado. Amizades duradouras no ambiente de trabalho são muito valiosas. Lembre-se sempre disso e aprecie a sabedoria delas.

A administração do processo de venda está à altura dos seus valores e expectativas? Você precisa estar convencido que a venda que está fazendo para seu cliente vai ser completada.

Espalhe seus estudos e exames por instituições e prêmios. Isso proporciona uma maior perspectiva da nossa indústria e na minha opinião, dá aos estudantes uma compreensão maior. Isso vai melhorar a qualidade do aconselhamento dado e das vendas que realiza.

Assine aqui, aqui e aqui!...

13. A Festa da Rotatividade nos Empregos

Esta é uma lição de como *não* beneficiar a própria carreira: tive uma sucessão rápida de empregadores – três, em três anos. Este mesmo período coincidiu com um segundo casamento que veio, e se foi. Isto levanta a questão de onde e o que eu estava tentando alcançar na maioria dos aspectos da vida. Tratava-se de uma crise de meia idade ou era mais uma busca pessoal para conduzir a vida num formato melhor? Durante esse período, passei por vários exames de consciência e, como veremos, mais alguns passos errados foram dados.

Esta é uma lição que vale por si só: compreender a proposta de emprego que se procura é tão importante quanto conseguir este emprego, mesmo se o papel assumido venha a sofrer mudanças ao se chegar lá.

A mudança, juntamente com o divórcio, passou a representar um período significativo de aprendizado para mim – o que nunca pode ser ruim.

Consultoria financeira independente

Esta não foi minha primeira incursão em consultoria independente, é claro. Nos distantes anos 80, trabalhei como corretor trainee de hipotecas para uma corretora independente que foi vendida para uma companhia de seguros seis meses após minha contratação.

Este novo papel, no entanto, foi completamente diferente e não envolvia hipotecas. Por ter sido dispensado, fiz um acordo e sentia-me tranquilo com a nova situação. Em retrospectiva, não é bom sentir tranquilidade aos trinta e poucos anos. Estava prestes a me casar pela segunda vez e o mundo parecia ser um lugar mais brilhante, embora o custo do casamento (e do divórcio anterior) ainda estivessem corroendo minha conta bancária que tinha sido polpuda um dia.

Comprei um grande Jaguar XJ preto com uma chapa personalizada e flutuava pelas avenidas de Surrey para não arranhar a pintura sedosa. Eu achava o carro o máximo, com seu interior em couro e madeira, mas um ou dois clientes achavam que fosse, no mínimo, exagerado. Tenho a certeza que era possível ver o ponteiro do medidor de combustível descendo logo na arrancada.

Agora, o que Jeremy Clarkson, o famoso jornalista britânico, especializado em automobilismo, tem a dizer sobre vigaristas, pessoas grosseiras e Jaguars?

Minha função na época envolvia a venda de serviços financeiros e de marketing. O primeiro objetivo era o de conseguir vendas para a empresa (rapidamente, para cobrir meus custos) e depois, lidar com o marketing e aprimorar a comunicação global da empresa. Ambas as responsabilidades eram atraentes e eu explodia de entusiasmo - havia perspectivas de excelentes rendimentos para o futuro se as coisas funcionassem.

A equipe de gestão era muito justa e disposta a fazer a coisa certa; o que deve ser sempre aplaudido. Havia pouca conversa e muita ação, como deveria ser. No entanto, passar de uma grande organização corporativa para uma pequena empresa independente é uma mudança de culturas em que ambos os lados necessitavam de ajustes.

O problema principal nesse emprego - e este era *o meu* problema e não o deles – era o de tentar reproduzir o ambiente de uma empresa grande e a organização em que eu estava simplesmente nunca iria se encaixar neste modelo. A independência quanto à consultoria valia a pena principalmente porque acrescentava a expressividade de oferecer uma abordagem equilibrada para os clientes, ao invés do modelo de agente associado que eu seguira nos últimos 12 anos.

Este poderia ter sido um bom lugar para me estabelecer, mas a frustração com o processo de crescimento profissional me dominou. Eu queria subir mais rapidamente do que poderia realisticamente alcançar. Minha irritação começou a crescer e com ela, o desejo de sair.

E como mudei para Londres, chegara a hora de me despedir do Jaguar e acolher o Audi. Muito mais prático e, ironicamente, também melhor para me afastar quando o processo do segundo divórcio começou.

Mais um caminho errado: representante associado mais uma vez

Essa experiência, que durou dez meses, foi decepcionante para todas as partes.

Apesar de trabalhar em Londres – mais especificamente na área financeira de Londres (chamada pelos londrinos de *The Square Mile*) – o que na minha área tem que ser vivido pelo menos uma vez na vida profissional - esta mudança veio a ser uma decepção. Esperava ter uma vida semelhante à da última grande empresa que trabalhara, mas esse não foi o caso. Tornei-me representante de uma empresa única que oferece produtos de boa qualidade através de vários métodos de distribuição, incluindo uma divisão de vendas diretas.

Trabalhar em Londres, assim que a segunda Guerra do Golfo começou (março de 2003), gerava preocupações quanto à segurança pública. Os meios de comunicação estavam dominados pela retórica de George W. Bush em «armas de destruição em massa». Tenho a certeza que o mundo é um lugar mais seguro agora com o presidente Obama.

Durante muitos anos, visitara Londres semanalmente para minhas reuniões com clientes. No entanto, trabalhar lá, em tempo integral, foi uma experiência - há aqueles que podem chamar isso de trabalho monótono, plugado no rádio ouvindo Chris Tarrant e acompanhando com os pés Beyonce, que estava aparentemente «Louca de Amor» (*Crazy in Love)* - posso «ticar esse ítem» que realizei durante dois anos. Trabalhar em Londres oferece uma experiência diversificada e de alto nível pela qual é preciso arriscar para ir e ficar enquanto se puder suportar.

Meu novo empregador mantinha uma estrutura de gestão expressiva e um processo robusto de vendas em todos os estágios de apresentação ao cliente. Para mim, isto nos leva à velha questão: *será que você perguntaria ao seu parente para se inscrever nos conceitos e processos que estão sendo oferecidos - e se não, por que não?*

Um empregador anterior me ensinara a valiosa lição sobre a importância de envolver o cliente durante o processo coordenado de venda, para se certificar que entende o que está acontecendo e onde se encontra em todo o processo. Sinalize bem, se quiser. Se perder o cliente ao longo do caminho, pode perder a venda global e talvez o cliente também.

O novo programa de treinamento, na minha opinião, era elaborado e o processo era conduzido pela empresa – o que levava muito tempo para ser concluído. Justiça seja feita com a empresa, depois de mais de 18 anos na indústria, seria sempre difícil para que alguém me «treinasse» - e acredito que, antes de mais nada, foram minhas habilidades e experiência que motivaram minha contratação.

Deve-se admitir, neste momento, que essa instabilidade em relação aos empregos anteriores fazia com que qualquer empregador não confiasse nem no meu caráter nem no meu compromisso. Foi também pessoalmente cansativo. Desta vez eu tinha que acertar na próxima mudança. Mas para onde deveria ir e qual o modelo de distribuição preferir? Esta é uma escolha pessoal que só você pode fazer e com ela sentir-se confortável. A busca pelo melhor, porém, pode levar uma vida inteira ou é possivel acertar logo de primeira. Acertar, porém é o que importa. Pessoalmente, eu sei que cheguei lá agora.

Aconselhamento financeiro independente... de novo!

No trabalho seguinte, voltei a oferecer aconselhamento independente; desta vez permanecendo em Londres. A oferta de emprego tinha sido atraente, feita por um corretor independente, com forte presença num mercado que eu dominava - o de planejamento de aposentadorias. Isto, porém, provou ser minha última lição: para mim só havia uma opção disponível no longo prazo. . .

A nova posição era numa companhia em Londres. Era uma organização de alta qualidade, com pessoas brilhantes para lidar com um bom negócio, qualitativa e quantitativamente. Pessoalmente, na época, eu tinha perdido um pouco de segurança devido às pressões pessoais do divórcio e às constantes mudanças de emprego e precisava me estabelecer no caminho de vendas para o futuro; para o *meu* futuro.

Estava otimista e minha chegada entusiasmada foi bem. Eu tinha construído uma pequena relação de clientes próprios e a empresa tinha uma carteira de clientes que precisavam ser «cultivados», assim rapidamente peguei o telefone e comecei a preencher a agenda. Eu tinha aprendido o poder do contato telefônico com o cliente durante os anos de formação em corretagem de hipotecas e agora funcionava bem para mim.

A produção começou rapidamente e sem problemas, tudo conforme fora planejado - no entanto, permanecia a persistente dúvida pessoal sobre meu futuro no longo prazo. Eu trabalhava para suprir as necessidades do empregador, conforme necessário, mas estava começando a me concentrar no que realmente queria alcançar.

Lendo isso, alguns de vocês podem comentar: «Seu idiota! Iniciar o próprio negócio; você deveria ter feito isso anos atrás!» Eu não estava pronto ainda. No entanto, três meses após começar esta nova atividade, sabia que tinha chegado a hora. Esta foi uma descoberta pessoal, algo que não poderia ser ensinado. As pessoas com quem trabalhava eram boas pessoas, algumas excelentes - mas queria mais da minha carreira.

Meu último emprego me fez enxergar o que poderia ter sido feito antes se eu tivesse me esforçado um pouco mais. Um novo pensamento passou a me ocupar a mente, geralmente no trem, de manhã, a caminho de Londres e à noite, no caminho para casa.

A festa de despedida foi muito divertida e muitas cervejas foram consumidas.

Eu tinha uma nova parceira, Esther, atualmente minha (terceira) esposa que também passara por um divórcio. Um Mondeo verde foi a escolha prática da época, um ótimo carro. Ambos passamos por grandes dissabores e juntos focamos no que, como um casal, queríamos atingir a partir das profundezas que havíamos mergulhado após nossas respectivas separações. Desta vez senti um pouco como se estivéssemos encostados contra a parede, sem saída, e alguma ação significativa e positiva precisava ser tomada para recuperar qualquer vida confortável no futuro.

Capítulo 13 em poucas palavras

O benefício de uma pequena empresa é que ela pode ser rápida tanto na tomada de decisão quanto na ação. As organizações empresariais médias ou grandes geralmente não o conseguem. É por isso que, principalmente no Reino Unido, as empresas menores sejam tão bem sucedidas.

Entenda o pacote de remuneração e o processo de aplicação deste treinamento para entender o potencial dos «lucros-alvo». E quando achar que o conseguiu, leia-o novamente com cuidado.

Não seja um prisioneiro qualquer que seja a posição que ocupe.

14. Não era isso o que você queria dizer, era?

A ovelha negra «realista»

Ao definir ou negociar sua meta de vendas para o próximo trimestre ou ano, o fato de ser realista pode ser considerado um ponto negativo para os detentores do poder?

Não ajuda em nada que seus colegas tenham se desmoronado nas próprias reuniões devido à pressão dos gerentes que os fizeram aceitar heroicamente todas as metas inatingíveis projetadas para eles. Assim, ao acrescentar algum realismo ao alcançável, algumas preocupações e surpresas vêm à tona. É nesse momento que você começa a ser visto como a «ovelha negra» da equipe de vendas. Indo mais além, ao tomar esta posição, passa a ser considerado como se não fosse um jogador da equipe. E será sua exclusiva responsabilidade se a equipe não cumprir com o objetivo.

Na realidade, o gerente de vendas tem passado muito tempo no escritório do diretor ou diretora de vendas, aceitando, como um cachorro balançando o rabo, as sugestões que considera viáveis - embora o diretor de vendas possa ter uma percepção limitada do que esteja acontecendo no mercado.

Dá para imaginar o quadro: o gerente de vendas, cujas metas e ambições não tem nada a ver com o mundo real, ao volante da BMW modelo top de gama, ao invés de estar no local de trabalho liderando sua equipe.

Há uma linha perigosa para ultrapassar aqui. Você precisa ser realista sobre o que for viável e ao mesmo tempo suficientemente coerente para disfarçar esse realismo de uma forma que garanta ao gerente de vendas a compreensão do seu processo de pensamento para aceitar suas ideias e sugestões.

Faça o que fizer, certifique-se de agregar valor, tanto pessoalmente quanto ao negócio.

Isso funciona para ambos: para você e para o gerente. Quando o processo estiver indo bem, você deve ser o primeiro a elevar suas metas. Mesmo nos tempos difíceis você deve negociar para alcançar seus objetivos, mas com uma visão realista sobre o provável resultado para sua meta.

Qual o modelo de distribuição?

Para dar continuidade à carreira, você precisa perguntar a si mesmo três coisas:

- O que vem a seguir?
- Com quem?
- A proposta que escolher no canal de negócios será como associado ou como independente?

Ao decidir seguir em frente, você tem a convicção de que é hora de mudança, de preferência enquanto ainda estiver no antigo emprego. Cabe a você administrar isso adequadamente. Olhe para sua oferta de venda atual: você a compraria? Se a resposta for não, então novos horizontes o chamam. Nunca minta para si mesmo.

Eu também me perguntei:

- Esse sou eu?
- Eu é que sou o problema neste trabalho?
- Se por acaso mudar de atitude, tudo vai melhorar ou esse nunca será o modelo de trabalho idealizado por mim?
- Isto me incomoda?

Algumas pessoas me chamam de Tigre, sempre excitado, sempre pronto para um desafio, assumindo a atitude de «se há alguma chance, vamos à luta». Não subestime a importância de sua atitude. Acredito possuir esse ímpeto desde a infância, tendo nascido portador de Espinha Bífida - mas cada um de nós consegue o ímpeto a partir de algo. Após muitas cirurgias corretivas em Oxford, sempre senti que podia fazer melhor, e saí para provar que era capaz. Minha Espinha Bífida era leve, embora eu sempre vá mancar e correr de forma um pouco estranha.

Esta necessidade de realizações enlouquece minha esposa. «Porque você não consegue apenas relaxar, sem fazer nada?» lamenta. Prefiro fingir-me de surdo e não acenar a cabeça concordando, para não dar o braço a torcer. Será que estou sendo machista?

Não quero fazer parte da média. Não quero voltar para a década de 70 em que a população (do Reino Unido) tinha 2,4 filhos e um Ford Cortina. Não era a isso o que eu e muitos outros indivíduos aspirava. Eu, pelo menos, desejava um Ford Granada com teto de vinil! Soa um pouco como o cantor Sweeney cantando com a banda escocesa Bay City Rollers, através do novo aparelho cassete instalado no painel do carro.

Onde está sua posição na vida? Você é um homem para ter um Mondeo ou aspira a algo mais alto? Eu amo Ford Mondeos - mas não os dirijo mais.

Você pode se lembrar do *sentimento visceral* ao qual me referi anteriormente. Siga-o pois é invariavelmente, o sentimento certo. Após decidir mudar de emprego, qual o modelo de distribuição e da empresa correspondente que escolhe? Você se torna outro representante de vendas trabalhando como agente associado, ou volta a ser independente? Você já tentou ambas as opções?

Imagine que parentes seus estejam sentados à sua frente: qual a opção que preferem? Se não consegue se decidir, pergunte-lhes; pesquise. Será que não vai mudar de opinião quando a Autoridade de Serviços Financeiros colocar em prática as mudanças anunciadas para esclarecer os canais de distribuição para o consumidor no Reino Unido?

Considere o seguinte:

- A renda e a fonte (salário/ comissão / bônus / combinação dos três) que recebe de cada canal, importam para você?

- Será que isso afeta suas decisões no curto ou longo prazo?

- E quanto às necessidades financeiras da família? Elas vão ditar o modo de negociar seu pacote?

- Um carro da empresa é necessário?

- Você precisa de auxílio família?

- Do que você precisa?

Circular por tantos empregadores quanto eu não é uma estratégia boa no longo prazo. Você precisa encontrar um lar, um verdadeiro lar; quanto mais cedo encontrá-lo, melhor. Pense cuidadosamente sobre a possibilidade de uma futura mudança no modelo de distribuição que escolher.

Futuros Modelos de Distribuição – eles são corretos para você?

Agora que a educação financeira está sendo introduzida nas escolas secundárias no Reino Unido (no Brasil por enquanto, não), é de se esperar que o público em geral vá se tornar mais esclarecido financeiramente para lidar com suas necessidades básicas. A proliferação da Internet vai ajudar esse entendimento e expandi-lo para permitir que uma porcentagem significativa do público possa realizar o próprio planejamento financeiro básico, sem a necessidade de aconselhamento direto de fornecedores ou consultores.

Já surgiram guias para a tomada de decisões de investimento no longo prazo, tais como árvores de decisão. Estas permitem que os indivíduos sigam um fluxograma para ver quais os produtos que atendam às suas necessidades, se isso for possível.

Algumas pessoas sugerem que os bancos também aumentarão o setor de consultoria e, por conseguinte, seu segmento de mercado durante o processo. Também acredito que, da mesma forma que muitos supermercados e organizações de consumidores oferecem contas correntes competindo com os bancos, os bancos também verão a competição a partir dos sites independentes e das companhias de seguros, oferecendo aconselhamento financeiro.

No momento de terminar este livro, o governo atual estava empenhado ativamente na transferência da rede bancária atual para outras organizações. Um bom exemplo é a recente aplicação da «Virgin» para conseguir uma licença bancária e comprar um banco também para ser usado como um veículo para seus planos.

Você pode decidir neste momento que o diagnóstico está completo e é hora de abandonar a profissão. No entanto, acredito que o mercado de consultoria financeira vai se tornar mais competitivo com o tempo e vai oferecer prêmios ainda maiores para as pessoas e empresas certas.

Olhe para a força financeira de qualquer organização a que venha ingressar para garantir que ainda exista quando e se as novas exigências regulamentares acontecerem. Peça para ver as contas da empresa; é um pedido tão razoável como quando se pergunta a um cliente o quanto ganha ou quanto dinheiro tomou emprestado.

O que você pretende alcançar com um novo papel?

- Gestão?
- Sucesso em vendas sem a responsabilidade da gestão?
- Ou é apenas um trabalho?

Reserve um tempo para decidir antes de iniciar o processo de mudança de carreira e defina o próprio plano de negócios.

Encomendei pela web

Ao gerir nosso negócio próprio, minha esposa e eu, aprendemos a concorrer na Internet com os meninos grandes. Temos executado dois serviços nos últimos três anos, www.advicemadesimple.com e www.planmypension.co.uk. Nunca deixe que lhe digam que a Internet simplesmente não pode competir com o aconselhamento realizado face a face com o cliente; pode, mas de uma maneira diferente.

O Reino Unido está pronto para a consultoria financeira on-line?

A primeira tentativa de criar um mercado financeiro online foi no fim dos anos 90 e não existe mais. Além disso, usando os exemplos da web de carro / lar / seguro, é interessante ver a estatística disponível. Sites de comparação são mencionados como *agregadores* no comércio e reduzem o tempo que os clientes desperdiçam ao buscar toda a Internet para obter informações:

- Cerca de 65 por cento da cota do mercado de seguro de automóveis / Confused.com (2007)

- £ 36,7 milhões de lucro, (aproximadamente R$ 100.215.851,00), um aumento de cerca de 59% em 2007/Admiral para seu site Confused.com

- Cerca de 15 milhões de usuários de sites de comparação por mês (2008)

- O site Moneysupermarket.com avaliou-o em aproximadamente £ 1 bilhão (2007) (aproximadamente R$ 2.730.742.221,00)

Com o intuito de manter a quota no mercado, o lucro e a penetração de distribuição, muitas empresas se diversificaram em outros mercados, como o de vendas de produtos financeiros, ao invés de mero aconselhamento.

Outro setor que tem se aproveitado desta oportunidade de penetração, distante de seu negócio principal, é o das redes dos grandes supermercados que têm grande poder de distribuição - muitos introduziram serviços financeiros como uma nova oferta.

Estamos todos envelhecendo, e a Internet é a ferramenta de escolha para muitos clientes. O mesmo vale tanto para os jovens como para os surfistas de cabelos prateados (ou, em inglês, *silver surfers*) que adotaram esta tecnologia por volta da última década. Os *Baby Boomers* (geração nascida entre 1946 e 1964) parecem não conhecer limites em relação à Internet. A facilidade de uso da Internet será cada vez mais importante para os clientes do que as relações pessoais que eram a base do seu negócio originalmente. De certa forma, isso é triste.

No entanto, compreendo que este é um progresso e uma maneira de desenvolver a oferta global disponível.

Seu plano de três anos para os negócios pessoais

Em qualquer novo papel, você normalmente definiria uma estratégia de três anos.

Você vai consumir o primeiro ano familiarizando-se e ganhando segurança na nova posição enquanto vende ao máximo para cobrir seus custos, cometendo provavelmente alguns erros ao longo do caminho.

No segundo ano você deve começar a florescer com um significativo sucesso de vendas - e atingirá uma profundidade cada vez maior na compreensão da sua organização, seus pontos fracos, as culturas e os objetivos da estrutura de gestão em que trabalha.

É no terceiro ano que você deve ver o dinheiro entrar. Parece mercenário - mas você é um vendedor e é por isso que está lá. É provável que alcance seu platô de vendas neste ano ou no final dele e é provável que defina a tendência para o futuro.

A projeção de vendas a seguir pressupõe um razoável processo de produção média de vendas que se espera de um bom representante, resultando em R$ 60,000 por ano de produção:

- Ano 1: R$ 30,000 – familiarização com a empresa
- Ano 2: R$ 45,000 – compreensão crescente

- Ano 3: R$ 60,000 – platô
- Ano 4: R$ 62,000 - (contando com um pouco de inflação)

Não me permita fazer com que desista do que está fazendo, se acredita que este exemplo não representa seu estilo; a «média» detalhada acima poderia valer para outro membro da equipe. Deve existir uma luz brilhando em qualquer equipe de vendas - se for você, admiro sua valentia. No entanto, se representa a média da equipe ou for coadjuvante, deve ter dificuldades para alcançar esses níveis de produção, então acredito que a leitura deste livro vai lhe focar a mente em quais áreas precisa se desenvolver.

Conforme foi sugerido, um bom gestor deve antecipar uma curva de produção para um novo membro da equipe de vendas - mas certifique-se que isto é acordado no início da sua nomeação a fim de gerenciar suas expectativas, junto com a deles. Não há nada mais frustrante do que quando se trabalha para uma nova organização com uma boa produção e se é comparado naturalmente ao vendedor mais antigo que produz três vezes mais do que você, sem ter que suar a camisa.

O plano de três anos ajuda a colocar tudo isso no contexto, especialmente quando começa a vencer os colegas que voam alto, no segundo ano. Essa reviravolta mantém esses outros alertas. Não se agarre às chaves do BMW por muito tempo!

Talvez esteja inclinado em desempenhar papéis na gestão ou promoção (apesar dos meus alertas quanto aos riscos!)? Neste caso, pode iniciar o movimento rumo a este objetivo no final do terceiro ano ou por aí. Ao se aceitar uma promoção, o relógio de três anos começa a correr novamente.

Tenho visto muitas empresas médias e grandes usando essa estratégia porque acreditam que ela dá à equipe o prazo ideal para atuar, ao mesmo tempo mantendo-os frescos e até certo ponto focados. Entendo que outras organizações, tais como as militares, usam um processo semelhante para os oficiais, com duração semelhante para os destacamentos; depois disso, uma mudança pode ser feita para permitir a realização de uma nova perspectiva.

Tempo para pensar

Quando foi a última vez que parou para pensar sobre o que está tentando alcançar? Pessoal ou profissionalmente? Esta é uma oportunidade para lembrar-se da sua estratégia global e por que está nessa atividade.

Assumindo que parou mesmo para pensar, quando o faz? Alguns poderiam descrever isso como uma reunião de estratégia ou «um downlowd do conteúdo do cérebro». Seja lá como quiser chamá-lo, este é um processo de limpar o caminho da mente, tirando a desordem e as ninharias acumuladas ao longo do tempo para se concentrar nos novos objetivos ou reorientar objetivos e aspirações mais antigas.

Faça o que fizer, onde quer que se encontre fisicamente e na jornada de sua vida global, tenha tempo para pensar. Nunca é tarde demais.

É vital que tenha tempo para rever seus objetivos a fim de assegurar que não se percam na névoa de objetivos de vendas, reuniões e tudo o mais.

Com que frequência pratica esse pensamento? Uma vez por semana? Uma vez por mês? A cada trimestre? Cabe a você, desde que não deixe escapar o que pretende fazer. Você só tem uma vida e o relógio está correndo. Você não pode recuperar o tempo que passou. Faça o que fizer, certifique-se que não haverá arrependimentos.

A vida é algo para ser abraçado, não algo que simplesmente acontece com você. Esprema cada dia até a última gota!

Após garantir esse tempo para pensar em você... vai pensar exatamente em que?

Você será minucioso olhando para os detalhes do problema de hoje? Ou vai ter uma abordagem temática analisando os sucessos e as falhas deste trimestre? Ou vai ter uma visão mais global do planeta «você», considerando questões maiores sobre o futuro e como deseja que sua vida se desenvolva? Ou todas as anteriores?

Idealmente, utilize um pouco de cada abordagem em cada «sessão pensante» que tiver. Na minha opinião, a abordagem global é a mais importante, pois pode mudar totalmente a perspectiva sobre o futuro - e isso poderia começar hoje.

Você vai permanecer com seu empregador / casa / cônjuge ou você vai começar de novo: começar a própria empresa / mudar de casa / divorciar-se? Como uma recomendação pessoal, não tente todas essas questões de uma vez, isto pode tornar-se muito confuso.

Isto introduz ao que chamo de *encruzilhadas da vida*. Vou retomar esse assunto nas próximas páginas.

Frustração: a melhor lição

Já deve ter percebido, pelas mudanças que fiz na própria carreira, que chegou uma hora em que não havia mais empregos disponíveis para mim. Será que os sinos de alarme soam para você?

Em retrospectiva, agora posso ver que era eu que estava amadurecendo e não o empregador que estava sendo obstrutivo. Eu deveria ter percebido que isso significava que era hora de começar um negócio próprio.

Este passo não é apropriado para todos. Muitas pessoas nunca chegam a este ponto e permanecem empregados. Somos todos diferentes, com necessidades e objetivos pessoais diferentes. Aventurar-se sozinho é uma grande decisão - mas valeu a pena no meu caso.

Foi decepcionante o fato de que muito da minha motivação para iniciar um negócio veio da frustração. Senti-me desiludido em relação a empresas e pela sua luta para oferecer um serviço de qualidade elevado e consistente aos clientes ano após ano.

O desejo de cada empresa para ser a melhor, a mais inteligente e maior, de um modo geral mostrou-se uma iniciativa prematura de média qualidade, que seria cancelada seis meses depois. Isso acontecia depois de envolver vários clientes no novo processo ou na impulsão das vendas, só para serem abandonados à própria sorte.

Ao tratar seu pessoal e clientes atuais e em potencial dessa forma, acaba perdendo seu pessoal e os clientes se transformam em compradores de uma única vez que não gostaram do processo de venda e nunca mais vão comprar. Este não é um modelo de negócio sustentável.

As lições mais difíceis são geralmente as que melhor ensinam, mas são amargas. Aprendi mais com um gerente medíocre do que com um bom e tenho o prazer de confirmar que há alguns gerentes brilhantes no mercado. Ambos têm um papel a desempenhar que lhe permite se concentrar naquilo que deseja alcançar. Um bom gerente vai aproveitar seus pontos fortes e orientá-lo a melhorar as áreas que podem ser desenvolvidas. Ele pode demonstrar, através de ações ou sugerindo-lhe treinamentos de orientação e de qualificação. Qualquer que seja a maneira com que trabalham, os bons querem o melhor para você e de você. Um gerente médio pode não lhe oferecer esse nível de estímulo, no entanto, por si mesmo deve lhe fornecer um desafio para o sucesso. A frustração pode ser um aprendizado tão eficaz quanto qualquer sessão de treinamento em uma sala de aula. Como dá para perceber, fui beneficiado com ambos os estilos de gestão.

Embora a frustração seja uma emoção difícil de aceitar, lembre-se de aproveitar seus pontos positivos. *O que poderia ser feito melhor? Por que alguma coisa não funciona?* Isso transforma a irritação em um desafio para resolver o problema.

Há momentos em que uma situação ou uma pessoa representam um obstáculo difícil de contornar. Por quanto tempo vai ficar obstruindo o caminho do progresso que você realmente acredita que seja seu? Tome a iniciativa de resolver, mesmo que isso signifique sair e começar de novo em outro lugar, seja sozinho ou com um novo empregador. Como exemplo, isso me faz lembrar ministros que pedem demissão de um navio que está a naufragar por causa de um primeiro-ministro que simplesmente não entende quando é hora de deixar ir.

Uma visita que fiz certa vez à casa de uma cliente, fornece um exemplo de uma frustração incomum. Frances era uma senhora concentrada, mas acessível. As demandas da família eram significativas, mas não havia fundos suficientes para cobrir a maior parte de seus desejos. Sua casa ficava num terreno de três hectares; havia uma piscina coberta em um edifício separado. Ri quando vi a placa na entrada, que combinava com o sentido de humor da família que dizia o seguinte: « Bem vindos à minha iscina. Por favor, note que não há 'P' na palavra 'iscina'. Por favor, mantenha assim!» O humor tentava controlar o problema que a frustrava.

Tente lidar com suas frustrações. Assumindo simplesmente uma postura diferente em uma situação vai mudar sua atitude para com o problema e isso já é meio caminho andado. E já que a atitude pessoal em relação a uma situação é meio caminho andado, é possível argumentar que você domina a metade da situação, e não o contrário.

Já vi alguém tratar uma situação grave com tal arrogância que a situação simplesmente desapareceu - porque se acreditava que ele não se importava de jeito nenhum. Isso funcionou para ele porque não se sentiu preso a uma situação ou a um indivíduo.

Se isso é certo ou não, é outra questão. Para ele, foi solução.

Capítulo 14 em poucas palavras

A vida vai simplesmente acontecer, se você o permitir. Não; certifique-se de colocá-la na direção que queira ir, sentindo prazer a cada dia!

Entenda o negócio ou a estrutura de vendas de três anos e trabalhe para sua melhor vantagem. Você vai sentir isso acontecer à medida que progredir. Você saberá se está pronto para a próxima estrutura de três anos. Sua promoção acena – mas não se esqueça que é apenas um trampolim para a próxima promoção.

As lições mais difíceis que se aprende geralmente são as que melhor ensinam, por mais que seja amarga a pílula que se tem que engolir.

Aprenda em cada oportunidade e evento da vida. Você escolhe o tema e a lição, mas continue aprendendo. Alguns dizem que não se podem ensinar novos truques a um cachorro velho. É possível, se lhe der um biscoito! Experimente!

15. Tempo para novos horizontes

Um dia estranho.

Em um determinado momento da vida, surge-lhe um pensamento à cabeça: *Chega! Não faço mais isto.*

Talvez um rápido processo o tenha conduzido a esse dia memorável, ou esse processo estava aí, arrastando-se secretamente na mente e, de repente, escapou. O motivo pode ter sido seu patrão, a empresa em que trabalha, o casamento, uma casa – qualquer coisa que lhe afete a vida. Qualquer que tenha sido a questão, você sempre vai lembrar-se *daquele dia.*

Para mim, aconteceu algumas vezes em várias situações, mais precisamente, em relação ao divórcio e ao emprego. Meu segundo livro é minha visão pessoal e profissional em relação ao divórcio e aos seus desafios dolorosos numa perspectiva financeira. Este capítulo concentra-se *naquele dia* em termos de emprego.

Naquele dia refere-se ao dia em que decidi começar o próprio negócio.

Para definir a cena, eu tinha sobrevivido a um segundo divórcio e tinha uma namorada firme, Esther. Graças aos meus bons rendimentos, desfrutava de um bom estilo de vida e tomei consciência que seria difícil conseguir mantê-lo como empregado.

Não tenho a certeza que este tenha sido um dia *excitante*; essa decisão enorme surgiu de uma guinada frustrante. No entanto, por um processo de dedução, cheguei à decisão de que a única forma de evoluir seria começando a própria empresa.

Quando chegar *nesse dia*, talvez seja tão simples para você também.

Meu próprio negócio

Esta vem a ser a melhor parte da minha carreira até agora. Não acredito que seja o final - mas você já sabe disso!

Com certeza já deve ter percebido que tenho um grande ego e que acredito ter a capacidade de fazer um trabalho melhor do que ninguém. Apesar de perceber que esta convicção não seja provavelmente o caso, não é uma má ideia mantê-la como ponto de partida quando se quer seguir sozinho.

Descobre-se muito rapidamente o quão sozinho se está quando as portas se abrem para novos negócios no primeiro dia.

Pensar em ser bom no que se faz, começar um negócio baseado nesse pensamento e daí tirar proveito disso, são três situações muito diferentes. Esses pensamentos precisam ser muito cuidadosamente considerados antes de se lançar num salto no escuro.

Como você sabe, sentia-me frustrado com antigos empregadores e particularmente em relação aos seus processos administrativos, éticas e estilos. Eu acreditava poder fazer melhor.

Você pode possuir uma riqueza de experiências com a qual os clientes podem contar e confiar. Pode ter muitas qualificações e habilidades na indústria para realizar o trabalho. E daí? É por isso que era mantido no emprego, no passado. Empregadores contrataram-no a fim de concluir vendas de qualidade, para permitir-lhes continuar com o trabalho que seria manter o negócio que empregou você. Após dirigir o próprio negócio por um tempo, agora posso valorizar a magnitude desta tarefa. No entanto, na época eu certamente não poderia enxergar os problemas que enfrentavam. Parte do vasto papel que desempenham é identificar o talento correto e trazê-lo para a empresa - para não realizarem a venda e a consultoria à venda - trabalhos em que você é tão bom.

Aos poucos ficou claro que minhas frustrações anteriores eram dores de crescimento, e não uma questão de ser bom no meu trabalho. Todo mundo sabia que eu tinha capacidade em oferecer propostas de alta qualidade e vendas compatíveis, mas agora era uma questão de quem iria ficar com os lucros deste trabalho.

Só me foi possível superar as frustrações do passado e focar no que poderia alcançar, graças à generosidade e à maturidade do meu último empregador que permitiu que eu, efetivamente, gerisse meu negócio dentro do seu, com respeito e liberdade. Por isso sou profundamente grato.

Tenho ouvido muitas pessoas lamentarem-se por não ter aberto o próprio negócio antes de tê-lo feito efetivamente. Eu nunca me lamentei porque tenho consciência que até aquele momento não estava pronto. Aos 37, quando comecei a empresa, era jovem o suficiente para ter o vigor necessário para fazer o processo fluir - mas, ao mesmo tempo, experiente o suficiente para ser capaz de fazer com que os novos projetos valessem a pena.

A *encruzilhada* na vida de alguém no momento que começa a própria companhia é importante. Muitas pessoas atingem esta *encruzilhada de decisão*, mas tomam um caminho diferente e continuam no emprego. Entretanto, não vá se condenar a lamentar no futuro o que poderia ter sido.

Essa é uma escolha pessoal e precisa ser analisada exaustivamente até a profundeza da alma. É importante porque o compromisso necessário para gerir o próprio negócio não tem limite.

Você está pronto? Nada de arrependimentos a partir de agora.

Encruzilhadas da vida e ruído

As encruzilhadas da vida, situações importantes que exigem uma decisão e uma linha de ação clara, acontecem a todos nós, em cada passo que se dá na vida.

Começam cedo. Você está na universidade ou na Universidade da Vida? Você se casa? Você então se divorcia? Você procria? Você é transferido ou encontra um novo emprego? Demissão, luto, nascimentos, todos podem transformar-se em situações que provocam mudanças de vida.

Frequentemente analiso todas essas situações com clientes enquanto consideramos juntos a direção que deva ser tomada. Olhamos para as rotas disponíveis e, em seguida, desafiamos o pensamento para garantir que a jornada planejada seja sólida.

Neste ponto, devo acrescentar uma observação importante a respeito das *objeções* que serão feitas quanto às decisões de vida que tenha tomado. Isso é porque elas desafiarão os valores das pessoas que estão ao seu redor. Chamo a isso de «interrupções» e ao questionamento de seu pensamento pessoal, chamo de «ruído». As interrupções são fatores pessoais e podem ser qualquer coisa que o distraia do pensamento verdadeiro. Desde crianças importunando-o, aos pais oferecendo-lhe o benefício de sua sabedoria, até ao gerente que lhe indica uma direção que você simplesmente não tem intenção de ir. Você vai saber de onde vêm e o barulho que criam.

O *ruído* é algo que confunde o raciocínio e interrompe o progresso ao longo do caminho escolhido. Geralmente você tomou uma decisão levando tudo em conta para que seja a mais apropriada para você, para a família e para todas as circunstâncias que o rodeiam – e não pode haver interferência nisso. Suas decisões são baseadas em seus valores e o *ruído* costuma ser a crença de outra pessoa que queira lhe impor os valores *dela*. Expulse os invasores e evite o «ruído» que fazem. Afinal, é sua vida e a única pessoa que a vive é você.

Depois de um divórcio, eu sabia que tinha que realizar algumas mudanças sérias na vida e carreira se quisesse recuperar um padrão de vida agradável e isso foi uma *encruzilhada na vida* para mim.

Esther estava ficando cansada de ouvir-me reclamar sobre o cargo inadequado em que ocupava no trabalho, sobre quanto eu pulava de emprego em emprego e como eu me sentia num beco sem saída. Ela também havia passado por um divórcio e possuía algum capital disponível - e o mais importante, acreditava na minha capacidade em gerir a própria empresa. Talvez você se lembre do discurso de John Major, primeiro-ministro conservador na década de 90 que dizia em «aceitar ou calar-se». Sua posição estava sendo ameaçada de dentro do próprio partido e ele assumiu o risco calculado de desafiar qualquer difamador para ficar abertamente contra ele ou para não se meter. Minha esposa colocou o mesmo desafio para mim. Eu tinha a opção de continuar como empregado e ter algum dinheiro para outros projetos e «acabar com esses lamentos» ou «aceite algum dinheiro que estou oferecendo, comece a própria empresa e acabe com esses lamentos!»

«Seja lá o que fizer, pare de se lamentar!», Disse ela com firmeza, que é sua prerrogativa.

Falar em abrir uma nova empresa e realmente tomar o impulso para formá-la são duas coisas muito diferentes. O «falar em iniciar uma empresa» tinha chegado ao fim e o «fazer» tinha que começar. O novo negócio começou após 10 meses de planejamento sólido. O planejamento de um negócio pode levar um longo tempo e tem de ser adaptado às necessidades previstas da nova empresa.

Durante o planejamento, converse com todos aqueles em que confia e siga seus conselhos. Você pode não gostar dessas orientações, mas aplique-as no seu modelo assim mesmo.

Esther acreditava tanto nas nossas habilidades conjuntas quanto no conceito do novo negócio que preenchia uma lacuna no mercado do Sudeste, principalmente na região de Surrey. Ela ajudou e arrematou (literalmente) o processo e juntou-se à companhia depois de três meses, deixando o cargo de engenharia no Metrô de Londres.

Repartimos os papéis (marketing, vendas, administração, *web design*, contabilidade, etc.) e assinalamos cada um especificamente para garantir que cada pessoa tivesse as próprias tarefas e papéis para se concentrar. Isso garantiu que não houvesse uma duplicação de esforços, maximizando a produtividade. A habilidade processual de Esther garantiu que houvesse uma transição fácil para os serviços financeiros. Este acordo e entendimento continuam em vigor até hoje.

Para o planejamento de negócios, é provável que você avalie a situação e os componentes da estrutura para iniciar o próprio negócio. Você considera a probabilidade de sucesso, como se estivesse trabalhando em uma grande venda: onde, quando, como, o que. Considero esses componentes como *ponteiros*, tanto positivos quanto negativos. Uma vez avaliados, você pode ver para onde os ponteiros estão apontando e a proporção de positivos e negativos.

Para mim, eram todos positivos - mas isso ainda não é suficiente para dar um salto no escuro. Você tem que ter a coragem de assumir suas convicções também... e depois «Rodney, no ano que vem, estaremos milionários!» (frase que se popularizou devido à série da televisão britânica *Only Fool and Horses*). Bem, talvez não. Ao alcançar uma *encruzilhada da vida*, olhe para os próprios ponteiros, tanto positivos quanto negativos. Se não tiver vontade de se aventurar, isso é bom e honrado, mas não se coloque em uma posição onde possa olhar para trás mais tarde e imaginar o que poderia ter sido. Para muitos de nós esta *encruzilhada da vida* só aparece uma vez na vida, se é que aparece.

O plano de negócios foi elaborado e implementado tanto quanto foi possível. Instalações, marketing, marca, logo, comunicados de imprensa, papéis timbrados e fluxo de caixa foram todos preparados e garantidos para a data de início. Obtivemos também a licença de funcionamento da Autoridade de Serviços Financeiro em apenas oito semanas.

Dedique o devido tempo para a preparação: vale a pena. Faça um plano de negócios logo no início, para poupar horas de planejamento quando estiver negociando. Começar um negócio prematura e depreparadamente é uma situação terrível e a causa de sofrimento de muitas empresas de médio e grande porte. É provavelmente uma das razões principais pelas quais deixou seu emprego.

Por ser uma empresa pequena, você tem que ser mais inteligente, mais ágil e mais flexível do que seus concorrentes.

Faxineiro, guarda-livros, informático, administrador e fabricante de castiçais

Abrimos as portas do nosso escritório novinho em folha às 9h do dia 4 de outubro de 2004. Não havia fila de clientes na entrada do nosso escritório e os telefones não tocaram no início do dia. Acho que a única chamada no primeiro dia foi da Esther perguntando se eu estava bem.

O clima econômico estava bom na época e as perspectivas pareciam razoáveis. Na contramão, vinha o cenário político norteamericano com uma eleição presidencial que ocorreria em novembro e assistimos a vitória de George W. Bush pela segunda vez e a perda de outro presidente, Ronald Reagan no verão.

Aprenda com minha experiência: o início é um lugar solitário e qualquer apoio confiável deve ser bem vindo. No entanto, não se esqueça que se está começando uma pequena empresa, então você vai ser «pau para toda obra». Embora tenha começado a empresa para oferecer um serviço «X», no meu caso o planejamento financeiro, você também precisa entender sobre marketing, contabilidade, serviços gerais de escritório, serviços bancários e fiscais, entre outros.

Acostume-se a esta ideia. Muitos fornecedores e profissionais cujos serviços você utiliza vão falhar ou tentar cobrar em excesso. Fique preparado para isso. Não confie em ninguém até que provem estar à altura de suas expectativas.

Além disso, se estiver trabalhando com colegas, garanta que cada papel, tarefa e exigência estejam escritos e alocados de forma apropriada. Isso evita o desperdício de energia de atividades em duplicidade. É necessário que a cada um sejam alocadas as tarefas para garantir o sucesso. Você sendo o patrão, precisa se lembrar que se um projeto foi alocado para outra pessoa, então *não é seu departamento*.

No entanto, acredite em mim - isso não significa transformar-se num *burocrata* como na experiência que tive no banco. *Nestas* circunstâncias, funciona. Isto permite que você se concentre nas questões que domina e aproveite as energias ao máximo. Uma vez estabelecido e após começar a formar a base do seu pessoal, você pode delegar tarefas. Para os mais autocráticos, isso significa *dar ordens* – o que é perigoso na maioria das vezes, mas uma mão firme precisa estar disponível e usada onde for necessário para garantir o cumprimento dos objetivos do negócio. Você precisa de desempenho, mas também precisa apoiar aqueles que o rodeiam. Você não terá tempo para manter passageiros na empresa, especialmente no clima econômico atual.

Assim, espere oferecer assessoria e negociar vendas às 9h, ver o contador às 11h, telefonar para o escritório de seu advogado tributarista às 13h, fazer as vendas novamente às 14h, tirar cópias dos formulários de propostas às 15h e passar no escritório às 18h30min.

Esteja preparado para receber meia dúzia de chamadas por dia oferecendo vendas de refrigeradores de água, máquinas de franquear, canetas, serviços de telemarketing e outros luxos. Isto é cansativo na melhor das hipóteses e desgastante na pior.

Um começo frio

Os três primeiros meses de qualquer novo negócio vão ser interessantes.

Você terá criado um plano de negócios, os próprios pensamentos e o modelo para os próximos dois ou três anos. O que é um plano de negócios? Pode realmente ser qualquer coisa que você quer que seja - mas ao detalhar cada aspecto de suas expectativas, então isto pode ser desafiado, testado e confirmado antes de começar. Isto vai fornecer um plano que poderá ser seguido para administrar suas expectativas e garantir que não enlouqueça nos primeiros meses.

É assustador ver os números do primeiro trimestre e observar uma renda limitada e vastos gastos. Nosso primeiro de janeiro (após três meses de negociações) parecia horrível. E foi! Mas porque este «baixo» em termos de renda e capital tinha sido cuidadosamente previsto no plano de negócios, eu sabia que estávamos cumprindo a nossa meta, mesmo se esta, naquele momento, parecesse terrível. Algum elemento de conforto poderia ser tirado do processo previsto, ao invés de sentir que eu estava mantendo um poço sem fundo de despesas que só iria terminar em esquecimento.

Um plano de negócios pode incluir o seguinte:

- Renda a ser alcançada nos primeiros 12 meses? 24 meses? 36 meses?

- Desta renda, o primeiro ano deve ser dividido em trimestres (o primeiro trimestre será ruim!)

- Tipo de vendas

- Número de vendas

- O público alvo e o que vai atrair compradores à sua porta (marketing)

- A média do tamanho das vendas

- Despesas previstas e os respectivos vencimentos (tais como fiança trimestral de aluguel)

- Meses de pico de desempenho

- Tipo de empresa (como por exemplo, Sociedade de Responsabilidade Limitada, Micro empresa)

- O rendimento esperado e seu formato (pró-labore, salários, dividendos)

Há outros planos disponíveis na Internet que fornecem também alguns bons exemplos no que é necessário pensar. No entanto, você sabe o que está tentando atingir e terá que adequar seu plano nesse sentido.

Minha lista do plano de negócios não é exaustiva e você também vai precisar elaborar a sempre importante previsão de fluxo de caixa para até 36 meses. Estes recursos combinados devem permitir que você teste suas teorias sobre o rendimento geral e a rentabilidade, ou os «*Indicadores-Chave de Desempenho*», se preferir.
Mantenha seu foco firmemente travado no único objetivo do seu negócio e mapeie as previsões em uma linha de tempo.

Uma lição fácil que aprendi foi a de tomar a previsão de plano de negócios: reduzir pela metade as vendas previstas, dobrar os custos previstos e, em seguida, trabalhar nesse modelo. Isso elimina do plano qualquer entusiasmo excessivamente egoísta e estava realmente mais próximo da realidade do que eu imaginava.

Se este modelo de plano de negócio for aplicado, mesmo que pareça feio, então provavelmente você está destinado a ser um vencedor.

Quando quiser tomar dinheiro emprestado ou cobrir um débito a descoberto, o banco vai querer ver seu plano de negócios para garantir que não vai desperdiçar nem o tempo nem o dinheiro de ambos, seu e do banco. Uma boa maneira de descobrir se seu plano de negócios funciona é ver se o banqueiro iria emprestar-lhe dinheiro, mesmo sem precisar dele. Se emprestar, então você sabe que está no caminho certo.

Como qualquer bom plano de negócios, você (e o banco, se estiver tentando um empréstimo) vai olhar para os vários aspectos da abordagem global.

Em primeiro lugar, por que você? Qual sua experiência? Já que o desempenho passado não é uma garantia de desempenho futuro, então, por que você será capaz de continuar suas habilidades neste novo empreendimento?

Quais os fundos necessários? Como vai levantá-los e o mais importante, reembolsar estes fundos? A que custo e em que termos? Quando os fundos são necessários e com que frequência?

Você precisa entender de fluxo de caixa e construir uma margem de segurança em seu plano de negócios.

Como vai proteger seu negócio e os fundos nele injetados se o negócio funcionar em um ritmo um pouco mais lento do que o esperado?

Minha primeira venda foi realizada em novembro e a primeira receita foi paga em dezembro, pouco antes do Natal. Como um amigo colocou: «Haverá manteiga nas cherivias (um tipo de raiz) nas festas de fim de ano!» (se fosse no Brasil, haveria castanhas). Houve, graças a Deus, mas este foi azedado pela terrível notícia do tsunami na Tailândia que ocorreu no dia seguinte.

Após construir seu plano, não se esqueça da regra de três anos de como o negócio vai provavelmente amadurecer. Como um lembrete, o primeiro ano será gasto no esforço de formar e organizar o negócio, o segundo ano vai começar a ver a empresa solidificar-se, dobrando possivelmente a produção e o terceiro ano deve ver o verdadeiro desempenho já que todos os blocos de construção estão no devido lugar. As linhas de estratégia de negócios devem estar completas para o marketing, vendas, produção, administração e cumprimento dos objetivos.

Desejo-lhe a melhor das sortes na nova empreitada. Se for bem, dentro de 24 meses não haverá mais emprego disponível para você e este poderia ser seu maior elogio.

Recentemente, telefonei para um colega que iniciou a própria empresa mais ou menos na mesma época que eu. Ele comentou que agora sentia que «conseguiria se aguentar cerca de meia hora» num emprego antes de explodir e lhes dizer que eram todos um lixo e se demitir.

Dirigir uma empresa torna-o mais duro. Você tem que ser decisivo - e isto é exigido de você todos os dias. Fique firme nas decisões tomadas e acredite em suas ações. (Informe seu cônjuge ou parceiro antes de começar, se quiser). Recomendo a jornada, embora se estiver à procura de uma vida pacífica, então não comece. Você vai aprender mais do que jamais poderia como empregado e portas serão abertas onde nunca teria acesso no passado.

Mantenha os pés no chão e não perca de vista o fato de que este novo processo tem tudo a ver com seus clientes.

Lembre-se de seus bons clientes

Quando as coisas começam a ir bem e seu modelo atingir o platô, não se esqueça de seus clientes. Foi a ambição de oferecer um serviço melhor que fez esta bola rolar em primeiro lugar.

Na ondulação das transições dos meus empregos, perdi o contato com uma cliente que tinha apreciado um conselho que eu oferecera no passado. Lembre-se da analogia que «as pessoas compram as pessoas». Ao criar minha empresa, Rebecca entrou em contato comigo. Diferentemente do seu modo de agir, já que geralmente falava de forma suave, disse asperamente algo significativo:

«Keith, você me deixou. Nunca mais faça isso»! E continuou com a conversa normalmente. Ela continua sendo minha cliente e aprendi a lição. Este é um exemplo de quão importante é o trabalho que fornece aos clientes e a confiança que depositam em você.

A maioria dos clientes confia e respeita seu trabalho, seu atendimento e seu profissionalismo e isso vai ser construído ao longo dos anos de conhecimento mútuo. Nunca se esqueça que vocês estão neste negócio juntos. Sem eles não há negócio.

O principal ponto de atendimento ao cliente, independentemente do tipo de negócio que você executa, é a *comunicação*. Clientes gostam de manter-se em contato com você, querem saber o que está acontecendo em seu mundo, o que é interessante, o que pode ser relevante ou específico para eles. Certifique-se de mantê-los informados regularmente - mesmo quando as coisas dão errado.

Vou falar sobre marketing em pormenor no próximo capítulo. Se, como eu, gosta de marketing, certifique-se que esta tarefa é atribuída a você no início do negócio, porque consome muita energia.

Fogo

Você nunca pode deixar seu bebê, a empresa que criou, mesmo que seu cônjuge espere que você o deixe para trás ao entrar no avião com destino a alguma praia ensolarada. Com a introdução dos *notebooks* e «do *e-mail* em trânsito», o escritório vem com você e só é negligenciado enquanto durar o vôo.

Como exemplo, viajamos nas férias a uma ilha distante, nas Bahamas. Choveu a maior parte do tempo, o que de certo modo umedeceu o humor em geral. No entanto, no desembarque, peguei o *smartphone* para recuperar meus e-mails e mensagens. Descobrimos então que o provedor de telefonia celular que usávamos não cobria a área onde estávamos. Pesadelo!

Após algumas horas de pânico, descobri que a única maneira de me comunicar com o escritório seria pelo computador do hotel (quando estivesse disponível) para acessar minha conta de e-mail. Por causa da diferença de fuso horário, o tempo de atraso foi cerca de oito horas.

Tínhamos deixado uma funcionária jovem, recém saída da escola no verão, a cargo do escritório durante o tranquilo período de Natal. Receber um e-mail de uma pessoa sênior, que está distante, perguntando o que está acontecendo pode ser cansativo, se não completamente chato, mesmo para alguém que tenha uma cabeça madura sobre os ombros. Portanto, a questão estranha do e-mail perguntando sobre o progresso das comunicações do dia não foi bem recebida e recebeu como respostas e-mails ásperos.

«Bom dia. O que está acontecendo no escritório hoje?» Perguntei a ela.

«Está tudo bem», foi a resposta lacônica.
Na verdade, fiquei bravo com a falta de detalhes e passei um e-mail em conformidade: «Não quero saber se está tudo *bem*. Quero saber o que acontece no posto? Quem tem visitado o escritório? Quem tem telefonado? Se o escritório pegou fogo!» foi minha mensagem um tanto pueril.

Este email foi enviado aproximadamente às 23h das Bahamas, e fui para a cama. Eu seria capaz de dar um *log-in* aproximadamente às 9h da manhã seguinte, usando o computador do hotel novamente.

Recebi email cujo assunto era «Fogo».

Tinha a seguinte redação: «Há um incêndio no edifício vizinho e o fogo está se espalhando. Pediram-me para evacuar e vou mantê-lo atualizado »

A ironia dos dois e-mails juntos não era nada engraçada. O e-mail foi enviado aproximadamente às 10h do Reino Unido. A funcionária foi então impedida de entrar no escritório por mais de oito horas. Isso deixou-nos no escuro por um dia nas Bahamas. No dia seguinte, um e-mail justificativo explicou o que tinha acontecido. Na verdade, ocorrera um grande incêndio assustador para todos os interessados.

Isso mostrou tanto o poder quanto as falhas da tecnologia em que confiamos.

Qualquer incidente, não importa que seja pequeno ou grande, concentra a mente de um empresário a respeito da capacidade de negociação no caso de uma falha do sistema - quer seja uma situação pessoal (saúde) ou operacional (danos causados por incêndio ou pela água, falha no computador). Você deve sempre estar atento a esses horrores em potencial, e planeje para ser capaz de dar continuidade aos seus clientes, ao seu regulador e a si mesmo.

Esteja preparado e não se esqueça de testar seu plano para ter certeza que funciona.

Capítulo 15 em poucas palavras

Pensar que você é bom, começar um negócio baseado nessa crença, e depois ter lucro são três situações diferentes. Compreenda e planeje para isso.

Pense com cuidado quando atingir a encruzilhada de mudança de carreira. Você vai alcançar sua encruzilhada; é apenas uma questão de tempo. Verifique e reavalie a viabilidade dessa mudança antes de tomar seu salto.

Esteja pronto para ser «pau para toda obra» e mestre em todas.

A comunicação é a chave. Os clientes querem que você se comunique com eles. Mantenha-os informados constantemente.

Assine aqui, aqui e aqui!...

16. Marketing, meu assunto favorito

Não tenha medo: marketing não é um palavrão. O marketing pode revelar certo egocentrismo - mas montar ou gerir o próprio negócio também e você não tem nenhum problema com isso, não é? Tenho enfatizado ao longo desse livro a teoria que «as pessoas compram as pessoas». Isso pode ser refletido através do marketing e é um reflexo da personalidade que define seu negócio.

A coisa mais simples é vender a si mesmo. Se não conseguir com que as pessoas comprem *você*, então está entrando «no mato sem cachorro». O que quero dizer com «vender a si mesmo»? Isso significa ter uma postura agradável que atrai e retém a atenção dos consumidores. É como se estivessem perguntando: «O que é interessante em você e na sua oferta? »

Experimente. Prepare uma apresentação para a família sobre o assunto que é você. Mostre o que você é, seus pontos fortes e as áreas que têm de ser desenvolvidas (o que era chamado de fraquezas!), seus objetivos, aspirações e o que o motiva. Não faça uma apresentação que foque «como sou bom», mas uma apresentação profissional, que demonstre empatia com o público, que conquista seu interesse e confiança em um processo de duração determinada, digamos, de cinco minutos.

Peça-lhes para julgá-lo e que lhe deem sugestões para seu crescimento.

Você vai achar esse exercício proveitoso (e divertido) e poderá lhe ser útil em algum momento no futuro quando, de repente, for convidado a falar de si mesmo para ganhar um negócio. Feito isso, prepare outra apresentação de cinco minutos sobre sua empresa e respectivos produtos ou serviços e faça o teste novamente.

Na minha opinião, o marketing é um dos componentes vitais para a estratégia de um negócio. Nunca se envergonhe do escopo e da escala de marketing que utiliza. Lembre-se que em um negócio novo ninguém vai fazê-lo por você! Esse também é o caso se entrar numa sociedade com colegas.

Alguém tem que ser o responsável pelo projeto de marketing e ter entusiasmo para promover os valores fundamentais, o *ethos* do negócio. Nunca presuma que outra pessoa esteja lidando com o marketing: combine logo no começo quem tem o papel de liderança e faça com que eles (ou você) realizem o plano de marketing para os próximos três anos. Crie também um plano específico de 12 meses. Sugiro limitar no começo a duração do segundo plano para 12 meses, porque seu marketing vai precisar ser ágil na abordagem para poder levar vantagens das oportunidades enquanto e quando aparecerem. Por exemplo, pode haver uma mudança na legislação ou uma recuperação num mercado de investimento específico.

Qual é a diferença entre *economias de escala* e *economias de escopo* e por que essa diferença é importante para a estratégia de marketing?

Esse foi um ponto importante de aprendizado para mim, especialmente no que diz respeito ao marketing. Ao aplicar economias de escala ao marketing, você está enviando uma única mensagem em massa, tal como um boletim informativo. Isso funciona. Devido ao volume utilizado, essa produção de marketing pode ser barata e oportuna.

E como aproveitar a mesma mensagem e refazê-la a fim de poder re-utilizar partes dela em outros lugares para ampliá-la? Esta é uma economia de escopo. O mesmo boletim que escreveu para tirar vantagem das economias de escala pode apresentar vários tópicos que possam ser publicados na sua profissão. Você terá gasto seu tempo verificando esses tópicos para garantir que sejam relevantes, em conformidade e, acima de tudo, interessantes.

Exemplo de uma economia de escopo

- Crie um «blogspot» em seu site e segmente os tópicos de seu boletim de notícias. Em seguida, transforme esses tópicos em blogs no seu site. Você saberá que os sites de busca da Internet anseiam por novos conteúdos.

- Grave um debate de cinco minutos sobre um assunto interessante com um amigo, colega ou parente. Depois insira no seu site essa discussão, como um *podcast*, ou se for mais sofisticado, como um *vodcast*. Observe subirem seus rankings na Internet.

- Use as redes sociais para discutir a mesma questão. No entanto, certifique-se que é relevante e compatível para sua entidade reguladora, se for o caso.

- Converta seu boletim de notícias em um artigo e escreva para a imprensa sobre as questões que está considerando. Escolha um assunto em que esteja bem preparado para falar e habilitado para responder a eventuais perguntas que poderão surgir a respeito.

Ao fazer isso, aproveitou um boletim informativo e reinventou-o na forma de outros quatro formatos, utilizando a mesma mensagem informativa em estilos muito diferentes de distribuição, aumentando assim o potencial de variação e de penetração na audiência. Com um pequeno aplicativo extra, é possível diversificar sua mensagem e distribuí-la para outras áreas, criando uma maior possibilidade para que esta mensagem seja ouvida por novos clientes em potencial.

Uma vez reconhecido como um *especialista* no tema escolhido, atualize seus pensamentos e entendimento e repita o processo.

Como exemplo, muitos canais de televisão têm usado a mesma filosofia: primeiro transmitem no canal padrão, em seguida, na emissora «mais 1», como se fosse um novo canal separado, apenas uma hora mais tarde. Então adicionam um site distribuindo a mesma informação. Isso cria três modelos de distribuição para a mesma mensagem. É inovador e de baixo custo ao mesmo tempo.

As técnicas de marketing mudaram significativamente nos últimos anos e cheguei à conclusão que a sutileza na promoção «direta» funciona melhor. Muitas organizações de serviços financeiros (exceto os bancos) não têm uma vitrine; muitas nem quererem ter. Portas abertas ao público não têm nada a ver conosco. Consultas comerciais de qualidade, vindas de bons clientes em potencial, é o que se procura. Com o marketing correto, esses clientes vão encontrá-lo facilmente.

Crie uma área-alvo, como uma cidade, distrito ou estado, baseado na pesquisa realizada para saber onde seus clientes estão. Você pode confiar no próprio conhecimento do local para fazer isso, ou usar um sistema de código postal. Depois se certifique que nesta área seu nome vai aparecer constantemente. Patrocine algo - pode ser uma rotatória, um concerto de música, uma peça de teatro ou pode até mesmo escrever um livro - que lhe trará cobertura da imprensa no local escolhido. Adicione isso à rede pessoal e é provável que com o tempo seu esforço seja bem recebido. Isso também tem a vantagem de retribuir para a comunidade que se serve.

Escreva para a mídia sobre o que está fazendo, repetidamente. Convide o editor do jornal ou da revista de negócios locais para almoçar. Coloque um anúncio no jornal local e peça um pequeno espaço editorial como contrapartida. Vá até uma estação de rádio para falar sobre o assunto mais discutido ultimamente na sua realidade. Você não está *vendendo* nada, mas mostrando conhecimento e paixão sobre o tema, o que deve ser o suficiente para começar a receber consultas.

O *momento certo* para o marketing é vital.

Voltando à meta anual de vendas, você dividiu-a corretamente em meses para garantir a maximização do desempenho no seu pico. Sua campanha de marketing deve estar em sintonia com esta estratégia de vendas. Se estivesse gerindo uma loja com produtos de Natal, provavelmente não iria começar o pico da campanha de marketing da sua empresa em julho.

O mesmo se aplica aos serviços financeiros. Você pode construir sua campanha até março / abril / maio e depois retomá-la em outubro / novembro. Não desperdice o esforço e os custos de publicidade em agosto e dezembro, a menos que esteja patrocinando algo na localidade que está direcionado para dar em contrapartida à sua comunidade.

Faixas etárias

Você pode também concentrar- se numa faixa etária e direcionar seu marketing de acordo.

Atualmente, o nosso público-alvo são os clientes com mais de 50 anos de idade. Isto se deve ao fato de estarmos focados no planejamento de aposentadoria e este é um passo óbvio. Como nossa organização é pequena, o nosso site, o nosso escritório e nossos negócios precisam refletir a faixa etária que estamos tentando atrair e reter: não muito vibrante, mas ainda positiva, profissional e confiável.

No entanto, se estivéssemos vendendo hipotecas ou seguros de vida, o cliente natural para esses produtos seria mais jovem, talvez entre 22-48 anos e o estilo de marketing teria que valorizar *seus* ideais e necessidades. Sua proposta deve reconhecer isso e refletir-se nos nomes do negócio ou do site que escolher. Consumidores mais velhos, ou *silver surfers*, são geralmente tão dinâmicos como os jovens de 22 anos, mas de uma maneira diferente, é preciso aderir às sutis diferenças destas dinâmicas para obter a correta mensagem de marketing.

O que significa networking?

Não tenho a certeza de ter ouvido o termo *networking (rede de relacionamento)*, há uns dez anos. Eu tinha ouvido falar em *chegar lá* e *conversar com pessoas para divulgar seu nome*, mas não em *networking*. A rede é a comercialização menos voltada na obtenção de resultados que já vi. Alguns argumentam que esta é uma fraqueza.

Deve ser dito, no entanto, que o *networking* é muito poderoso quando bem feito. Voltando ao assunto referente ao seu público alvo, haverá grupos de pessoas com pensamentos semelhantes que se reúnem informalmente em eventos para conviver e discutir suas vidas, seus negócios e, o mais importante, suas necessidades. *Networking* tem a ver com *envolver-se* - e para usar o velho ditado, quanto mais se investe, mais lucro se consegue retirar.

Os eventos de *networking* são ótimos exercícios para explicar sucintamente o que se faz na vida. O mais importante é que são uma excelente forma de descobrir com quem você pode trabalhar e o que podem lhe oferecer. Concentrar-se em outras pessoas permite uma «venda» sutil de ambos: de você e da sua própria oferta.

Repito mais uma vez: as *pessoas* compram as pessoas e o *networking* é um exemplo disso. Geralmente se tem menos de cinco minutos para causar um impacto em alguém. Isto é em parte pelo fato de se querer circular no evento para encontrar tantas pessoas quanto for possível e em parte porque seu alvo vai querer fazer o mesmo. Nunca apareça num evento sem ter um bolso cheio de seus cartões de visita e nunca deixe um evento sem que seu bolso esteja cheio de cartões de visita de outras pessoas. Você pode querer contatá-las depois.

Não se sinta constrangido em circular pelo local e possivelmente interromper conversas para mudar de «alvo». Você está lá para conhecer e cumprimentar tantas pessoas quantas conseguir e esta é uma forma excelente e econômica de ficar conhecido na região que escolheu. Lembre-se que vai levar tempo para «fazer um nome» e vai conhecer muita gente interessante e variada durante o processo. Você nunca sabe quando um determinado contato que conheceu aleatoriamente poderá ser lhe útil.

Pense em se juntar à Câmara de Comércio local, ao clube de golfe ou à outra organização local, mesmo ao seu partido político local. Você nunca sabe quais as portas que lhe serão abertas e quem vai encontrar. Alguns eventos permitirão que um orador gaste 15 minutos exaltando as respectivas virtudes e serviços. Certifique-se em se oferecer e conseguir se encaixar.

Combine este processo de *networking* com sua marca e com outras iniciativas de marketing e a proposta geral vai se tornar rapidamente atraente.

Qual é sua marca?

Para garantir o sucesso, desde o início, você deve ter um logotipo ou marca característica para que as pessoas se lembrem. Mesmo se não se lembrarem, tenha sua marca visível em número suficiente de pontos na área selecionada para lembrar as pessoas.

Sua marca deve inspirar segurança e confiança, porque as pessoas compram *marcas*, assim como compram *você*.

Depois de criar seu logotipo, não o mude por um tempo. É minha opinião que o consumidor gosta de estabilidade, porque para alguns implica segurança - especialmente no campo dos serviços financeiros. *Branding*, ou gestão de marcas é importante; mudar essa marca no curto prazo não é.

Supondo que tenha a opção de dar um nome à sua empresa, então inclua sua atividade nesse nome. Por exemplo, se você é um planejador financeiro, então se denomine *planejador financeiro*. Usando apenas um nome, é improvável que funcione no início porque as pessoas não o conhecerão como «Adam».

Lembre-se que é possível «super expor» o produto ou serviço e isso deve ser evitado. O exagero corrói o relacionamento suado que construiu com os clientes atuais e em potencial e com os profissionais, como contabilistas, advogados e atuários. É importante manter sutilmente a marca na mente do cliente. Você pode fazer isso enviando um boletim informativo trimestral ou uma atualização de capital e um cartão de Natal - mas não o transforme num bombardeio de literatura, e-mails e chamadas, mesmo se o patrão insistir. E o patrão neste caso, é a Esther.

O marketing exige energia – muita energia. É um processo evolutivo, não um anúncio. O marketing pode ser aplicado a qualquer coisa; desde o «networking» pessoal para a empresa, a um procedimento ou promoção que pretenda apoiar. O marketing deve ser suave, quase subliminar, e a aplicação constante de sua mensagem ao longo do tempo vai conseguir um volume de consultas regular.

Ao colocar um anúncio aqui, um blog ali, um *podcast* acolá, um artigo de jornal na próxima semana, um comentário numa estação de rádio na semana seguinte, sua mensagem vai ganhar força. Então, duplique o mesmo material. Use os artigos, blogs e gravações de *podcasts* e insira-os em seu site.

Uma tática de marketing é ter mais de um site ou mais de uma oferta, e competir consigo mesmo com uma proposta alternativa de negócios, usando um nome de produto diferente. Isso não gera ambiguidade na oferta, mas é concebido para atrair setores diferentes do mercado que podem não ter utilizado seus serviços antes, aumentando assim o alcance do seu negócio para obter oportunidade e lucro.

O adágio *se você não estiver sentado em frente a um cliente, não podem comprar de você* pode ser estendido nesta situação para o mundo virtual da Internet.

Pode pensar que essa é uma contradição e uma sugestão maluca - mas os fabricantes de detergente vêm fazendo isso há anos e funciona.

Além disso, faz você subir nos rankings da Internet, o que também é importante.

Você não deixaria sua porta da frente destrancada, então por que deixar sua marca desprotegida?

Depois de criar uma marca forte, deve protegê-la com uma marca registrada. Em algum momento, seria razoável querer vender a empresa e sua marca para conseguir o máximo valor. Use um agente para registrar a marca e assim consolidar seus esforços. Pode vir a ser uma proteção cara, mas vale cada centavo. Agentes especializados em registrar marcas são fáceis de encontrar e adicionei alguns detalhes de um organismo profissional na seção Recursos do livro.

Além disso, se construir uma marca no *website*, não se esqueça de protegê-la também. Se você opera um *website* como *.com.br,* compre o **.com** também. Se atuar como planejador financeiro em um site chamado *www.erniebloggs.com.br* então deve comprar **.com**. e também o «planejamento financeiro», o que ficaria *www. erniebloggsplanejamentofinanceiro.com.br* e **.com**. Como uma marca cresce tanto em distinção quanto em status, é vital proteger seu investimento.

Os consultores de marketing poderão enlouquecê-lo sobre a importância do seu site. Vão fazer perguntas como: «Você tem um?» e «Em qual sistema é executado?» Eu os defendo já que seu site deve ser considerado como sua vitrine; sem um site, parece que encerrou suas atividades. É seu folheto virtual e deve ser tão individual quanto você.

Um site deve expressar os benefícios óbvios de negociar com você e com sua empresa, juntamente com seu ponto único de venda (*Unique Selling Point USP*) para atrair e promover consultas. Mantenha o site atualizado, já que um site antigo é quase tão ruim quanto não ter nenhum. Uma vitrine velha e cansada vai rapidamente desestimular os clientes em potencial e interessados de se aproximarem de você; eles vão procurar uma oferta mais vibrante e atualizada. Poderia dar uma vantagem aos seus concorrentes se forem mais atualizados do que você na Internet.

Coloque o botão ou barra de navegação «contatos» de forma mais óbvia e de fácil acesso quanto possível, porque o requerente quer ser direcionado para entrar em contato facilmente.

Se estiver construindo uma marca na rede cujas finalidades podem ser ampliadas no futuro, então faça-o logo no início. O «no início» é vital. O que quero dizer com isso?

Por exemplo, se tem um escritório de consultores financeiros, pode ter um site original e divertido, como *www.pensõessimplificadas.com* (e a versão .com.br é claro). Você percebe que isso só pode atrair propostas de pensão, o que seria um fator limitante, porque as pensões representam apenas um quarto do seu repertório total de vendas.

E as vendas de investimento? Comece a construir uma grande marca que possa expandir comprando, por exemplo, *www.investimentossimplificados.com* e, digamos, *www.consultoriasimplificadas.com*. Agora você tem uma série de ofertas para serem usadas imediatamente ou mais tarde, quando estiver pronto para expandir sua marca global antes de vender o negócio - se quiser. Mais detalhes estão disponíveis na seção de Recursos.

Supondo que use seu site para marketing, lembre-se de monitorar quem e o que os visitantes estão consultando. Tente usar instalações de web de baixo custo para monitorar o tráfego de negócios na Internet, como www. statcounter.com ou Google AdWords - embora outros estejam disponíveis. Novamente, mais detalhes podem ser encontrados na seção Recursos.

Começar um negócio para sair dele?

Ao montar um negócio, a própria empresa ou consultório, geralmente faz um planejamento de negócios e acompanha-o. Mas pense no futuro nesse momento inicial. Quando vai *sair* do negócio?

Conheci uma profissional da minha área que queria saber como evoluir na carreira. Discutimos oferecendo-lhe um emprego. Tenho um grande respeito por ela (daí oferecer-lhe um emprego), mas ela sensatamente começou a própria empresa. Foi a decisão correta na sua *encruzilhada da vida*. Ela tinha uma boa experiência comercial, uma grande habilidade de relacionamento e qualificação na indústria. Por que estou contando isso? Bem, uma das perguntas que me fez primeiro foi: «Qual é sua estratégia de saída?» Fiquei perplexo.

«Bem, tenho somente quarenta anos, portanto ainda não pensei em uma estratégia de saída!» Gaguejei. Tendo em conta que era ainda mais jovem do que eu, não conseguia entender a lógica da questão. No entanto, ela estava muito, muito à minha frente. Não se esqueça que o objetivo de iniciar um negócio é proporcionar uma renda, um estilo de vida, estabilidade e depois, com um pouco de sorte, um ativo que possa fornecer capital.

Responda a seguinte pergunta em intervalos regulares: *A empresa dirige você ou é você quem dirige a empresa?* Seja honesto consigo mesmo e ajuste suas ações de acordo.

Qual é sua resposta para a pergunta «*Quando vai sair do negócio?*» Onde acontecerá isso? O que vai obter com a saída? E o mais importante, o que vai provocar isso? Se você se valoriza o bastante para acreditar que nunca iria vender seu «bebê», então, faça-o rapidamente. Você não é uma instituição de caridade; é por isso que começou o negócio. Se construir uma marca de qualidade que tem valor, então deve aproveitar esse valor na hora certa.

Em minhas viagens conheci alguns presidentes de grandes corporações. Um deles me disse: «Qualquer acionista que diz não visar a um lucro é um mentiroso!» Palavras fortes - mas se você é o principal acionista em seu negócio, o lucro na forma de renda ou de uma venda de capital deve ser um objetivo principal.

Isto põe em foco a questão de construir valor na estrutura da empresa para aumentar o valor, real ou percebido, com a finalidade de criar um valor de capital maior para uma eventual venda. Acredito que a qualidade do equipamento é fundamental aqui e a qualidade, o valor pelo qual vai vender, precisa ser construída em cada elemento da produção e renda.

Os fabricantes de automóveis têm feito isso há anos, criando marcas de nicho de qualidade que muitas pessoas cobiçam. Você compra um carro para um propósito, como pela velocidade ou capacidade de carga, mas a escolha é um reflexo pessoal, e isso geralmente aponta para os valores e qualidades com os quais você se identifica. Essa é a razão pela qual você pensou por tanto tempo a respeito da opção de carro que a empresa fornecia.

O mesmo é verdadeiro para seu negócio. Ao colocar sua empresa num «estande de vendas de negócios» e os potenciais compradores vêm para «chutar os pneus» o processo de decisão que usam é provavelmente similar. Vão buscar qualidade e querem saber se seu negócio é uma boa opção.

Finalmente, não venda quando estiver velho demais. Venda quando você e seu negócio estiverem maduros, mas ainda frescos, não quando ambos estiverem nos últimos dias do melhor desempenho. Compradores saberão em que fase da vida você se encontra e vão fazer ofertas de acordo. Só é possível desenvolver uma empresa até um limite, antes de necessitar contribuições externas para levar «seu bebê» ao próximo nível. Deseja realmente ter o mesmo papel na mesma empresa a vida toda? É possível que lhe seja oferecida uma consultoria no velho negócio. Se você for bom, o comprador não vai querer que você compita com eles no futuro, iniciando um novo negócio.

Todo o esforço valeu a pena, e seu negócio está evoluindo bem. Será que vai permanecer assim?

Capítulo 16 em poucas palavras

Desenvolva uma marca forte, memorável e estável. As pessoas gostam de marcas que possam reconhecer e confiar. Branding é bom, re-branding não é, a menos que a organização esteja cansada. Trabalhe o marketing constantemente e com energia.

Após construir sua marca, proteja-a. Use um agente especializado em registrar marcas. Proteja as marcas do seu site para também garantir as outras variantes, tais como: com.br e com.org

Junte-se à Câmara de Comércio local, ou a outras organizações locais, mesmo ao seu partido político local. Cada organização levará a oportunidades diferentes a cada vez.

17. Você está navegando agora – mas estará seu navio adequadamente equipado?

Você deu início ao negócio com um planejamento de três anos, «matando-se» de trabalhar para conseguir criar e fazer funcionar sua empreitada. Como foi observado anteriormente, essa confiança e o sucesso nas vendas podem ocorrer só no terceiro ano, quando os dois primeiros anos de trabalho duro começam a render frutos. Foi exatamente o que se deu na nossa empresa e provocou a necessidade de mudança.

Localização, localização, localização... onde já ouvi isso antes?

Elaborado o plano de negócios original, garantimos boas instalações, que também foram baratas para o nosso começo. As instalações corretas são vitais para qualquer novo negócio, assim como um contrato de locação flexível (por causa de alguns locadores). Lembre-se, a apresentação é tudo, desde os sapatos engraxados, passando pela limpeza do escritório até o papel timbrado. As primeiras impressões *contam*.

Os negócios corriam bem e rapidamente o nosso escritório não nos atendia mais. Um maior número de clientes significa mais arquivos, o que exige mais armários e, obviamente, redução do espaço. As paredes cor de magnólia e o tapete azul do nosso escritório altamente funcional, mas pequeno, pareciam se apertar. Tivemos que contratar, em regime de meio período, um funcionário que nos ajudasse com a administração à medida que Esther e eu fomos ficando mais envolvidos com nossos deveres. Espremer naquele espaço uma terceira mesa ia ser interessante e ter que pular mesas não é minha ideia de diversão. Começamos a procurar outro local e depois de algum tempo encontramos o escritório perfeito na «High Street» (no reino Unido, esse é o nome genérico e frequentemente oficial da principal rua comercial de uma cidade). O novo escritório fazia com que me sentisse bem (o «sentimento visceral» já mencionado anteriormente) e também sabíamos que os clientes iriam sentir-se bem ao assinar nossas iniciativas de vendas.

Mas o que há num nome e numa localização? Mudamos somente 200 metros, logo após a esquina; com certeza não faria muita diferença já que nada mais havia sido mudado, além de ter *High Street* no endereço. Ninguém jamais poderia ter nos convencido de quanta diferença uma mudança como esta faria.

Lembre-se de como funciona: «Assine aqui, aqui e aqui, por favor.»

Acreditávamos que o novo local escolhido fosse quase perfeito e obviamente estávamos corretos, já que consultas de melhor nível e qualidade logo começaram a chegar. A estatura da empresa aumentou e com isso a produtividade e a palavra que começa com «L», o lucro!

Compensa não se orgulhar tanto da localização. Tenho um cliente que nos usa simplesmente por estarmos perto das boas lojas da cidade e assim aproveita para «matar dois coelhos numa cajadada só.» E eu que pensava que esse cliente estivesse valorizando minhas qualificações e minhas tiradas espirituosas!

Quando já estiver gerindo o novo negócio e começar a planejar uma expansão, lembre-se que um endereço comercial e sua localização podem fazer a diferença entre um trabalho pesado e um trabalho mais pesado. E após a mudança, certifique-se de dar uma festa de inauguração, convidando para o evento a imprensa, os clientes atuais e potenciais e consiga sua fotografia estampada no maior número possível de publicações. Essa é uma grande oportunidade de marketing.

Adicione uma nota no seu site e nas redes sociais para garantir que o mundo saiba o que você e sua empresa representam - porque boas notícias, assim como as más, podem viajar rápido. A vaidade é boa para a publicidade e boa para o lucro. Apenas um lembrete: curta a festa!

Escolha de clientes

O motivo pelo qual está no negócio é para obter lucros. Deseja clientes, não compradores eventuais, e concentrar-se na realização de um trabalho produtivo, sem desperdiçar tempo.

No processo de gerir uma empresa, alguns negócios que conseguir serão meras vendas pontuais. O cliente quer que você implemente uma mudança ou compre um produto para uma finalidade específica e é isso, nada mais. Nesse caso, você é somente um canal para alcançar um objetivo, ao invés de um consultor. Isto em si não é um problema e não se sinta constrangido em assumir o negócio se estiver disponível.

No entanto, volte aos seus conhecimentos básicos em vendas e lembre-se do que é um cliente e o que é um *comprador*. Você não vai querer gastar tempo e esforço valiosos em marketing com alguém que conseguiu tudo o que precisava de você e que não tem intenção de fazer negócios com você novamente, porque já cumpriu todos os objetivos.

Um exemplo pode ser um cliente que queira realizar uma transferência de pensões para efeitos de divórcio. Não existe o planejamento em se divorciar regularmente para começar, possivelmente nem houve a vontade em dividir a pensão (preferindo pagar em dinheiro) e você é simplesmente uma pessoa que pode fazer a transação por eles com o mínimo de escândalo e esforço.

Uma vez tive um desses casos em que ganhamos o negócio porque estávamos próximos geograficamente de seus advogados, e não por causa de nossa oferta de negócio. Esta não foi uma situação ideal, no entanto, resolvemos o caso e obtivemos lucro. Mas eu não perco o sono pelo fato de que eles nunca mais vão comprar de nós novamente.

Não é nada pessoal. Se um cliente não voltar para comprar, então não perca o esforço com ele no futuro. Ele não está «nem aí». Uma vez que uma compra pontual esteja concluída e liquidada, mova esses tipos de comprador da categoria de cliente «ativo» para a de «dormente ou inativo». Certifique-se de manter os registros, como é exigido, e siga em frente, focando a atenção sobre aqueles que precisam de seu serviço regularmente.

Expus como tratar a si mesmo e a seu negócio de forma justa em um capítulo anterior e esta é uma maneira simples de manter-se focado em um processo de venda de qualidade.

Vamos desligar o dinheiro!

Neste ponto, sinto vontade de adicionar a velha advertência usada na televisão: «Não tentem isso em casa, crianças!» Mas você sim. E quando se trata de planejamento de fluxo de caixa, também seria bom dizer, «Esse aqui fiz antes», mas você não deve fazer.

A maioria das empresas precisa diversificar-se e adaptar-se para sobreviver e prosperar. Isso se deve às variações nos mercados ou condições de negociação, ou às mudanças regulatórias ou de requisitos.

Isso se aplica a qualquer profissão e um exemplo poderia ser dos eletricistas no Reino Unido. Agora precisam de um «Certificado Parte P» (introduzido em 2005 para residências) para atender a maioria das instalações elétricas da casa. Um eletricista pode ser brilhante e ter anos de experiência, mas não pode trabalhar legalmente sem este certificado. Muitos eletricistas tiveram que voltar a estudar o ofício para obter esse certificado e provar que seu trabalho do dia-a-dia está correto e é de alto padrão. Isso pode causar um retrocesso de curto prazo para os negócios, mas vai valer a pena no longo prazo.

A consultoria em serviços financeiros não é diferente: muitas empresas mudam de um modelo por comissão para um modelo baseado em honorários a fim de se tornarem mais transparentes para os clientes e reguladores. Além disso, essa mudança é para atender significativas mudanças regulatórias propostas para o futuro. Pessoalmente, creio que esta é uma boa mudança, embora possa comprovar que a transição é um trabalho duro. Vários «especialistas» da área discordam de mim nesse ponto.

Como já está previsto, muitos consultores financeiros de qualidade terão de fazer a mudança para trabalhar com base em honorários. Mas como?

Comece fazendo algumas reservas de dinheiro no negócio, se puder, para amortecer no curto prazo qualquer problema de tesouraria. E você *vai* ter um problema de fluxo de caixa! Isso costuma manifestar-se como um buraco na conta bancária. Ninguém prepara você para isso, então aprenda aqui comigo. Nos primeiros três meses em que comecei minha empresa, conheci um contador (que posteriormente veio a tornar-se cliente) que declarou:

> «Não estou realmente interessado nos números de lucro bruto ou líquido. Quero saber a posição do fluxo de caixa da empresa».

> «Uma empresa não é nada sem um fluxo de caixa», confirmou e estava absolutamente certo.

Até certo ponto, a recessão econômica é um problema de fluxo de caixa, e não uma questão de lucros e perdas.

Há uma música que diz que o dinheiro faz o mundo girar e as pessoas que movimentam esse dinheiro são os banqueiros; *seus* banqueiros, para ser preciso.

Ao gerir um negócio, certifique-se de manter seus banqueiros informados sobre a situação de seu fluxo de caixa, pois podem ajudar em ambas as posições de fluxo de caixa, negativas e positivas. Os banqueiros, assim como você, não gostam de surpresas de nenhum tipo.

Durante o tempo disponível de preparação para a mudança em qualquer negócio, pratique a nova abordagem comercial. Poderia estar acomodado em relação à venda em regime de comissão que agora está mudando para honorários. Você tem de familiarizar-se com a venda por honorários para sentir-se confiante em apresentações para clientes atuais e em potencial.

Quando for a um evento de *networking*, é possível que lhe perguntem qual sua profissão. Você tem trinta segundos para aclarar quem perguntou sobre os benefícios do seu negócio e a forma de cobrança; então, prepare-se. Pratique a nova abordagem com colegas ou familiares para se certificar de que sua mensagem é profissional, clara e bem praticada.

Não se apresse em escolher seu timing em qualquer alteração no processo comercial; você tem o controle de assumir o tempo desta alteração. No nosso caso, comecei no final do mês de maio. Por que nessa época? Porque tínhamos acabado de fechar o nosso mês de vendas mais importante do ano civil (como pode ser observado no gráfico de meta de vendas sugerido, embora com números diferentes de produção!) e o canal de vendas parecia promissor e saudável.

Verifique a qualidade das vendas no canal neste momento para garantir que os resultados previstos sejam realistas, sem nenhum potencial de inadimplência. Feito isso, ficamos satisfeitos com o *backlog* de vendas preparado para o período de verão. Esta época do ano costuma ser bem mais calma - embora, como se sabe, uma performance anterior não é garantia de performance futura! E foi nessa época mais calma que decidimos implementar o processo de mudança para o novo modelo baseado em honorários.

Para começar, a diferença de fluxo de caixa durou cerca de três meses, a partir de agosto, três meses após o processo iniciado em maio. Fique alerta. Essa diferença gerou um efeito de onda de capital no modelo, com a vantagem de realmente criar um modelo de negócio muito mais forte do que o programa original baseado em comissão. Estamos agora a ganhar mais clientes e lhes agrada a transparência total da transação de consultoria.

Convém salientar que a extensão do prazo de conclusão do novo modelo de negócio é maior do que o do modelo de vendas. Na prestação de consultoria financeira, você pode criar um programa para um cliente num período de 12 meses ou mais. Isto pode superar o tempo de pagamento da remuneração acordada, porque não depende da comissão.

Após ter feito a mudança, então se mantenha firme e continue com ela. A dor vai valer a pena.

Quanto custa?

É o preço que o sensibiliza? Ou tem a ver mais com as pessoas do que com o preço?

De certa maneira, a resposta da questão para a parte referente ao preço tem de ser positiva. Sua oferta, em parte, tem que levar em conta o custo - mas possivelmente apenas até o limite dos parâmetros que *você* percebe. Se confiar na qualidade da sua oferta e que sua mensagem não esteja suficientemente documentada para atender as expectativas do outro, então deve ser capaz de comunicar o valor intrínseco da sua oferta e seus benefícios para o cliente.

Sei que o termo «venda de benefícios», faz parte de um jargão americano, mas suas virtudes são corretas. Como exemplo, um *recurso* poderia ser a natureza tributária eficiente de um produto que proporcionaria um maior valor final. O *benefício* na aposentadoria poderia ser a possibilidade de comprar um carro maior ou umas férias melhores quando se chegar lá. E se você se sentir confortável e puder ser fluente e confiante na entrega, então a questão do preço se minimiza.

Considere testar seus preços e certifique-se que os parâmetros de preço praticados sejam rentáveis, mesmo no nível mais baixo em todo o processo. Isto vai assegurar que seus testes de cobrança só afetarão o nível de lucro que conseguir, ao invés de se tornar uma questão de saber se a empresa sobreviverá ou não.

Essa última afirmação assume que você conhece qual o nível de renda necessário para alcançar a rentabilidade.

Suponho aqui que um plano de negócios tenha sido realizado antes do início das operações. Se não, verifique isso rapidamente.

Seus encargos e honorários podem ser feitos sob várias formas. Uma maneira fácil de demonstrar essa divisão é a de considerar os honorários referentes à venda inicial e em seguida, a taxa de manutenção que possa cobrar. Como em uma venda de um barco novo ou de uma moto, eles têm um «preço de venda» e um «custo de vida» diferentes para o consumidor que leva em conta a utilização do veículo. Quando os comerciantes vendem um veículo a preço de custo - o que podem fazer para manter o fluxo de caixa - esperam ganhar também o serviço de manutenção que trará mais lucro do que a venda inicial.

A maioria das empresas pode coordenar-se assim, aumentando ou ajustando o lucro para conseguir o negócio no curto prazo, mas mantendo o cliente no longo prazo, criando uma margem de lucro global para o fornecedor.

Estabeleça em que parte do processo você obtém a renda e, posteriormente, o lucro, e ajuste esses parâmetros ao longo do tempo para ver os efeitos tanto nos lucros como no volume de negócios. Isso deve permitir que você e a empresa criem um modelo ideal que funciona bem para todas as partes envolvidas.

Além disso, olhe para as formas de pagamento e ofereça alternativas ao cliente para atrair negócios sem afetar de forma significativa o fluxo de caixa. Se for uma venda de grande valor, proponha que a fatura seja dividida em quatro parcelas em um ano, ou em pagamentos mensais para fazer o «ponto do preço» menos oneroso.

Experimente, em muitos casos os resultados podem ser altamente favoráveis e feche o negócio.

Envolva-se pessoalmente com este processo de mudança e faça com que seus colegas e simpatizantes concordem com a mudança e promova suas virtudes - porque, neste caso, são virtudes. Converse com seus colegas de profissão sobre a situação e sobre suas experiências, porque o contributo que oferecerem será valioso. Eles podem ter encontrado resultados que você não tenha previsto, e podem ser capazes de alertá-lo contra quaisquer armadilhas para aumentar seu sucesso.

Pense em seu negócio e aceite o desafio da mudança quando aparecer no horizonte, porque neste mundo politicamente correto em que vivemos, certamente aparecerá.

Capítulo17 em poucas palavras

Não se esqueça que um bom endereço comercial e sua localização pode ser a diferença entre um trabalho pesado e um trabalho mais pesado.

O fluxo de caixa é rei em qualquer negócio e sendo o dono de um negócio você nunca deve tirar o olho dele! Verifique a conta bancária todos os dias.

Conheça as margens de lucro em cada venda obtida, para permitir-lhe flexibilidade numa eventual negociação, se necessária, de seus honorários. Não há nada pior do que ganhar um negócio e depois lamentar por não ser rentável.

18. Da Banda «Spandau Ballet» para a Banda «Spandau Ballet»

Viajamos através das pensões abusivas, dos escândalos financeiros, da Autoridade de Investimento Pessoal - e seus antecessores e do *big bang* (como ficou chamado o dia em que foram mudadas as regras da Bolsa de Valores de Londres), até as adoções de taxas mais elevadas de impostos pela Autoridade de Serviços Financeiros e uma recessão significativa – através de todos ao longo de um livro.

O mundo não para e tenho a certeza que mais mudanças da autoridade reguladora estão em andamento. Espero que meus pensamentos tenham ajudado a colocar no contexto algums dos problemas da atual situação econômica, fornecendo orientação em como evoluir na carreira e lhe tenham ajudado a compreender que já vimos esse filme antes - embora a situação tenha variado e as oportunidades sejam diferentes .

Transmiti, ao longo do livro, minha jornada pessoal de aprendizado, observando os sucessos e usando uma frase feita, «as áreas a serem desenvolvidas», bem como o que talvez seja necessário considerar na própria jornada de descoberta.

Fechamos o círculo, abrangendo os anos de 1985 até a data. Partimos da cúpula vital de Genebra dos Presidentes Reagan e Gorbachev em 1985 e chegamos à realidade moderna da crise de crédito, das despesas dos deputados e do desenvolvimento das virtudes e das possibilidades de negócios na Internet.

As possibilidades para você, para a empresa e para os clientes em potencial são limitadas apenas pelos limites das suas aspirações. Espero que este trabalho tenha lhe fornecido a inspiração para esforçar-se ainda mais na carreira. Pressione as possibilidades de suas responsabilidades e seja criativo de modo a expandir seus horizontes.

Na música, viajamos através das eras *pop* e *new romantic* com as bandas Kajagoogoo, Rick Astley, os Human League e o Ballet Spandau até. . . bem, na verdade não houve grandes mudanças na música. Há algo estranho, mesmo assim agradável, no retorno dessas bandas. Ou sou só eu? Pelo menos a qualidade do som é melhor no leitor MP3 do que no *Walkman* da década de 80 que engoliria meu LP mais recente e enrolava-se a toda hora. Será que voltarão às nossas telas as enormes camisas brancas com babados, a maquilagem pesada e as cenas nas ruas perigosas?

Numa perspectiva econômica, há quem argumente que a recessão tenha sido causada pela preferência do Reino Unido em alimentar a economia através de serviços financeiros e outros setores baseados em serviços, no início da década de 80, às custas das indústrias de manufatura. Será possível que esta situação tenha *adiado* por muito mais tempo uma recessão e tornou-a mais profunda que se esse não tivesse sido o caso no Reino Unido?

Isto leva ao programa de *flexibilização monetária quantitativa* do Governo. Para alguns, um tanto cínicos, isto simplesmente representa um zero à esquerda no equilíbrio bancário do Governo para permitir-lhes a compra de ativos financeiros, a fim de gerar renda para o sistema. Há quem diga que se trata de uma «impressão de dinheiro». Poderia fornecer uma explicação completa de como a flexibilização quantitativa funciona, se é que funciona, mas não gostaria de tirar-lhe o entusiasmo pela vida!

Isso levanta a questão: qual o próximo passo para a economia do Reino Unido e para sua força de trabalho?

Está sendo debatido que o governo do Reino Unido espera que nos transformemos numa base especializada em tecnologias verdes, apoiando o mundo em seu impulso para desacelerar o aquecimento global. Espero que na realidade este seja o caso - mas também espero que qualquer crescimento nesse setor seja sustentável e não apenas mais uma iniciativa do governo para manter a economia flutuando.

O que aprendemos?

Os serviços financeiros e seu processo de consultoria do Reino Unido oferecem grandes oportunidades tanto para os indivíduos quanto para as corporações. É também uma profissão inspiradora, inovadora e revigorante desde que esteja sob seu controle, ao invés de ser controlado pela atividade.

Não há nada mais revigorante do que fechar-se com um cliente numa negociação discutindo seus sentimentos mais íntimos, desejos, aspirações e necessidades financeiras - e fornecer-lhe soluções consistentes. Onde mais é possível conseguir isso? Eu não sei de qualquer outra profissão onde se possa fazê-lo dia após dia, cinco dias por semana, 48 semanas por ano (já descontadas as férias).

O esforço da viagem valeu a pena? Boa pergunta. Meus clientes continuam a ser formidáveis e gostaria de agradecer-lhes novamente já que são a essência da profissão. Sabemos tanto sobre muitos deles, e eles sabem muito menos sobre nós! Esta é uma enorme responsabilidade e deve ser respeitada e acarinhada.

Eu sei que o faço.

Vem aí a mudança

Acredito que o fato de ser remunerada na base de comissões não favorece a reputação da indústria de consultoria financeira.

Os muitos profissionais verdadeiros entre nós vêm realizando um excelente trabalho para corrigir a reputação um tanto manchada da indústria, através da inovação e inspiração. Que seus trabalhos continuem por muito tempo e não poupo elogios por seus esforços incansáveis. Será interessante ver se as mudanças estruturais elaboradas para a próxima década, pela Autoridade de Serviços Financeiros para os modelos de distribuição de serviços financeiros do Reino Unido, conseguirão realmente melhorar a compreensão do público em aconselhamento financeiro.

E qual o futuro para você, para mim e para o aconselhamento financeiro na *High Street*?

Antes de mais nada, existe um futuro para o consultor financeiro médio? Provavelmente não. Ou, como alternativa, poderá trabalhar num ambiente de vendas não-independentes, oferecendo produtos de menor risco em grande pontos de venda na *High Street*. Não há nada errado com isso.

Acredito também que os planejadores financeiros bem qualificados e experientes colherão muitas recompensas - mas que este serviço só atrairá clientes de alto poder aquisitivo que podem dar-se ao luxo de usufruir de um verdadeiro planejamento financeiro.

Possívelmente, no Reino Unido existirão três níveis de ofertas de serviços:

- Os **que não têm**: nunca serão ricos e comprarão produtos, ao invés de conselhos;

- Os **que têm**: um tanto modestos em volume de ativos e em renda;

- Os **que têm muito**: os bem aconselhados e detentores da maioria da riqueza.

É possível aplicar a regra 80:20 nas vendas, com 20 por cento dos clientes fornecendo 80 por cento da renda, pois detêm 80 por cento da riqueza.

A Internet também exercerá um papel crescente na prestação de assessoria financeira no mundo, concentrando-se principalmente no potencial da faixa de riqueza média. Isto poderá concentrar o mercado para os bancos em uma das extremidades do espectro de marketing, e para aqueles que professam apenas a operação na extremidade superior do mercado.

Um mundo diferente - nem melhor nem pior, apenas diferente

A atual recessão vai demorar, mas vai terminar, como aconteceu com as recessões sofridas nas décadas passadas.

Foram feitas comparações entre as recessões recentes e a Grande Recessão do final dos anos 20 e início dos 30. A atual situação pode levar mais tempo para melhorar. Na minha opinião, a recessão era mais do que esperada na economia do Reino Unido. Não é nenhuma surpresa que esta crise econômica tenha vindo como uma fera raivosa, bem diferente daquelas do início dos anos 80 e 90.

Muitas pessoas estão convencidas de que esta recessão é liderada pelos bancos e esta declaração tem algum fundamento. No entanto, na realidade quando a recuperação chegar, será liderada pelos bancos ao injetarem capital e retornarem os lucros para o sistema, o que nos colocará no caminho certo para a recuperação.

Os banqueiros são frequentemente caracterizados como indivíduos movidos pela ganância. Este não é o caso e nunca o foi. São pessoas inteligentes realizando um trabalho difícil para o benefício de suas organizações, trabalho realizado com rigor - apesar da má publicidade.

Os níveis de endividamento do governo e a nacionalização no mundo todo são muito maiores do que jamais foram previstos, o que significa que o peso da dívida para muitas economias vai perdurar por décadas. Infelizmente, o Reino Unido tem sido destacado como uma dessas economias.

Conheci muitos clientes que estão preocupados, não com eles, nem mesmo numa extensão menor com os filhos, mas com o futuro fiscal dos netos. O medo subjacente é que as futuras gerações não serão capazes de desfrutar do que esses clientes supõe ter um direito incondicional - como o emprego, uma casa, uma pensão e um bom sistema de saúde pública.

O problema que esta recessão está revelando agora é que esse medo pode tornar-se realidade, não porque exista uma recessão, mas por causa do peso da dívida resultante que está sendo usada para corrigir a recessão que vai se recuperar lentamente.

Acredito que o mundo será um lugar diferente quando esta crise econômica passar. Nem melhor nem pior, simplesmente diferente.

Não me entenda mal: alguns indivíduos e organizações continuarão tendo lucros obscenos no futuro e grandes iates continuarão navegando sem rumo pelos portos e pelos parques de diversões dos presidentes das grandes organizações e das celebridades.

É nas margens que se verá a real diferença para aquilo que alguns se referem como a *massa afluente*. O conforto das aposentadorias usufruido pelos *baby boomers* vai desaparecer.

A prova disso já está disponível. A tributação, direta ou indireta, subirá para atender à dívida do governo que tem sido acumulada para nos tirar da recessão. Esta carga extra pode muito bem recair sobre nossos filhos e netos. Acredito que o político norteamericano, John McCain, denomina isso de «roubo geracional» e seus comentários inteligentes parecem proféticos. Os bancos e instituições de crédito ficarão muito mais cautelosos em suas políticas de empréstimos no futuro, o que significa menos empréstimos e as hipotecas serão concedidas apenas aos candidatos mais prósperos.

Isto porém, levanta a questão de saber se a economia que vivenciamos antes era realista ou se tratava de um acidente prestes a acontecer (e que já aconteceu). Uma possível consequência desta recessão é que as gerações futuras permanecerão em casa por mais tempo, renovando o potencial para famílias expandidas, ao invés do núcleo familiar que temos visto ao longo dos últimos 30-40 anos.

A geração dos *baby boomers* que está se aposentando agora pode ver os filhos transformarem-se, no futuro, na *geração do desânimo* (os *baby gloomers*) que tem que manter em casa os filhos de vinte, trinta e até quarenta anos de idade – e ao mesmo tempo sustentar as gerações mais velhas. Estou descrevendo um «sanduíche financeiro», com os atuais quarentões como recheio. Não parece nada apetitoso.

Algumas pessoas observam que este era o mesmo caso 50-60 anos atrás, em um mundo de pós-guerra.

No início desta recessão, contei a uma jovem colega sobre os velhos tempos ruins, quando a crise do petróleo veio à tona em 1973. Disse-lhe sobre a semana de trabalho de três dias, ressaltando que na época eu tinha somente seis anos de idade - tudo o que conseguia me lembrar era voltar da escola com meus irmãos pelas ruas escuras, porque os cortes de energia com durações variáveis eram a regra.

Os cortes de energia ocorriam com frequência durante a semana, mas aqueles que todos nós lembramos eram os que ocorriam aos domingos, pontualmente das 18h até as 21h. Minha mãe se certificava de que os filhos estivessem alimentados, de banho tomado, enfim tivessem terminado todas as outras abluções e que fossem reunidos em um lugar seguro, o que geralmente significava ir para a cama cedo antes que a energia terminasse.

Sempre sinto que soo como um quadro do grupo britânico «Monty Python» ao comentar a crise do petróleo: «E você conta às crianças de hoje e elas não acreditam em você» - mas essa situação aconteceu há apenas 35 anos. Minha jovem colega pensou que eu estivesse mentindo, até confirmar no Google. Ficou horrorizada. É um excelente lembrete de como o mundo mudou e de que a natureza da mudança continuará a evoluir de uma maneira que nunca poderíamos imaginar.

Grande oportunidade

A mudança cria oportunidades em qualquer estágio da vida, por isso não resista a ela e seja um dos primeiros a adotar suas oportunidades. As pessoas que reconhecem a mudança e trabalham com ela vão brilhar, e isso torna-se uma autoperpetuação na geração de prosperidade.

Que oportunidades terão aqueles que pretendam ingressar na profissão de consultoria financeira?

Acho que as perspectivas são boas se eles a encararem como uma *profissão*, ao invés de um emprego. Os altos níveis de qualificação profissional serão considerados como regras, ao invés de um mal desnecessário e quanto mais cedo esses estudos se realizarem, melhor. Além disso, recomendo que sejam adotados os regimes de conformidade e de regulamentação que nos rodeiam, porque vão permanecer. Existem tanto para sua proteção, como para o benefício dos clientes, assim aprenda e compreenda-os bem e sua jornada tornar-se-á mais suave - agora e no longo prazo.

As exigências de infomação dos clientes e o acesso e controle na alocação dos seus fundos através da Internet vão aumentar. Esta é uma progressão natural para um sistema mais ao estilo americano, onde muitas pessoas têm pleno acesso aos próprios investimentos e acompanham-nos de perto.

Com o aperfeiçoamento da educação financeira para o público, através do ensino de algum planejamento financeiro nas escolas públicas, vamos passar mais para um papel de aconselhamento, ao invés de concentrarnos na venda de produtos, já que os clientes executam os próprios negócios e compram ou diretamente com os fornecedores ou on-line, com nossa orientação.

Quando os primeiros computadores no início de 1980 tornaram-se comuns, Lord Alan Sugar (famoso empresário e comunicador britânico) vendia-nos processadores distribuindo-os aos montes; não estou certo se ele teria imaginado que em 2010 estaríamos presos a computadores onde quer que fôssemos. Nunca estamos incontactáveis tendo WiFi em quase todas as ruas - e esta cobertura tende a melhorar com a rede de telecomunicações 4G que está próxima.

Adoro sair de férias e descansar em uma praia. Infelizmente meu *netbook* também, com os *e-mails* e telefone celular ligados ao escritório, aos clientes e ao mundo dos serviços financeiros como um todo. Minha espreguiçadeira à beira da piscina se parece com a estação de comunicações do observatório britânico «Jodrell Bank» no momento em que estendo a toalha. Aprendi com meus erros anteriores de tecnologia, embora não parece que esteja sozinho; muitos outros, principalmente homens, estão também digitando e-mails e mensagens de texto.

O que mais podemos alcançar on-line? Quanto tempo levará para que se obtenha um aconselhamento financeiro completo on-line sem a necessidade de uma reunião? Isso é algo que os consultores financeiros terão que considerar e adaptar-se rapidamente para manter a quota de mercado e a lucratividade.

E o que dizer de suas motivações, satisfações e insatisfações? Se não extrair nada mais, este livro pelo menos vai confirmar que você não está sozinho, que outros têm partilhado as alegrias, experiências e frustrações da maioria de nós. A partir daqui, tudo dependerá da maneira de lidar com essas questões, colocando-as em perspectiva e utilizando seu aprendizado para tirar proveito e alcançar o sucesso.

Tenho a certeza que você pode trazer à mente a única coisa que o mais memorável do seu gestor, diretor ou colega costumava fazer, que você adoraria ter mudado no emprego anterior. Estime essa memória, essa questão ardente que estava tão errada. E enquanto exercer seu ofício, certifique-se de ter aprendido desse ponto errado e coloque-o direito. Não há nada pior do que aprender alguma coisa ruim. . . e depois repeti-lo no novo papel! Faça algo diferente, algo inovador, refrescante, mesmo edificante; deve saber como fazê-lo agora.

Após todos estes pensamentos, experiências e incidentes, volto à questão colocada pela primeira vez me no início deste capítulo: « a viagem valeu a pena?»

Acredito que a indústria de serviços financeiros - e o mercado de consultoria em particular - é cheio de inovação com pessoas energéticas, positivas e habilitadas, que serão capazes de assumir um papel ativo e valorizar este ambiente de rápida e dinâmica mutação. Seja lá o que fizer ou tentar, divirta-se!

Meu objetivo com este livro foi o de compartilhar algumas das minhas experiências e demonstrar o bom, o mau, o feio e o divertido, para impressioná-lo, leitor, que o sucesso está lá e pode ser seu. Tudo o que tem a fazer é concentrar a energia de forma inteligente. Não é um caminho fácil e não há correções rápidas disponíveis.

Seu desafio é realizar a jornada, *sua* jornada, para o próximo nível. Espero que você seja um desses líderes, nossos líderes, no século XXI.

Sim, pode ter certeza disso!

Capítulo 18 em poucas palavras

Sua evolução nunca vai parar, mas sua atitude para as mudanças da vida sim. Aprenda a se beneficiar das suas experiências.

Prepare-se para um mundo econômico e financeiro diferente. Aprender algo ruim ou como não fazer algo não é um problema, desde que não se repita.

Volto à pergunta, a jornada valeu a pena? Sim, pode apostar! Aproveite e tire o máximo partido de todas as oportunidades. Essa jornada pode ser sua.

Assine aqui, aqui e aqui!...

Sobre o Autor

Atuando na indústria de serviços financeiros por mais de um quarto de século e sendo altamente qualificado no Reino Unido em serviços financeiros de retalho, Keith fundou a empresa *Chapters Financial Limited* (formalmente *Churchouse Financial Planning Limited*) com Esther Dadswell em 2004.

Registrada como uma companhia de planejamento e situada em Guildford, Surrey no Reino Unido, a empresa oferece consultoria independente para clientes e consulentes. Esta consultoria abrange desde pensões e planejamento de aposentadoria, incluindo planejamento tributário, até investimentos, gestão de fortunas, negócios e planejamento de seguros de saúde e de vida. Keith formou-se em Finanças (*BA with Hons*), em 2007, na *Napier University* e tornou-se membro da Sociedade de Finanças Pessoais em dezembro de 2007.

Pensões relacionadas a divórcios é uma especialização adicional. Sendo ele mesmo divorciado, Keith é um Negociador Financeiro Neutro Credenciado (*Resolution accredited Financial Neutral*).

Keith tem demonstrado interesse na inovação da indústria de serviços financeiros de retalho do Reino Unido, e como resultado, criou dois novos sites, além do negócio principal, *Chapters Financial Limited*. Agora não há mais necessidade de visitar um consultor financeiro para receber um relatório financeiro completo, pois isso pode ser feito on-line.

Estes serviços são: www.advicemadesimple.com e www. planmypension.co.uk

Chapters Financial Limited (formalmente Churchouse Planejamento Financeiro Limited) recebeu o premio *Gold Awards Standards* em 2007 e 2008 por seus serviços altamente qualificados.

Keith faz comentários regulares e significativos na imprensa local e nacional do Reino Unido e tem sido frequentemente entrevistado no rádio nos últimos cinco anos. Sua presença é ativa na rede social e pode ser encontrado no Linkedin.com e Twitter como onlinefinancial, ou try#financialthoughts. Além disso, Keith procura manter uma vida fora do trabalho, gosta muito de escrever livros, de arte e de manter-se em forma com a bicicleta, exercícios e mergulho.

Ele pratica o que diz e a *Chapters Financial* é uma marca registrada da *Chapters Financial Limited*.

Finalmente, Keith orgulha-se de ser o atual presidente do Fórum de Negócios de Guildford (2011/2012), uma rede de negócios ativa e altamente bem sucedida em Surrey.

Assine aqui, aqui e aqui!...

Recursos

Referências:

Frederick Irving Herzberg (1923–2000) *One More Time, How Do You Motivate Employees*? (Harvard Business Review Classics, 1968) ISBN- 10: 1422125998

Abraham Maslowin - A Theory of Human Motivation. AH Maslow (1943) originalmente publicado na Revista *Psychological Review*, 50, 370-396.

Napier University, Edinburgh, Financial Services BA (Hons) Degree (Bacharel em Finanças)
Website: www.napier.ac.uk

Educação e Indústria

* **The Financial Services Authority (FSA)**
A Autoridade de Serviços Financeiros (FSA) é um órgão não-governamental independente, dotado de poderes estatutários outorgado pela Lei de 2000 *Financial Services and Markets Act*
Website: www.fsa.gov.uk

- **The Chartered Insurance Institute:**
Instituto dedicado à promoção de padrões elevados de competência e integridade através da disponibilização de qualificações relevantes para os empregados de todos os níveis e de todos os setores.
Website: www.cii.co.uk

- **Standards International:**
Um organismo líder credenciado para certificar BS ISO 22222:2005 - o padrão de qualidade de prestação de serviços de finanças pessoais.
Website: www.standardsinternational.co.uk

- **The Institute of Financial Planning:**
O organismo dos profissionais comprometidos com o desenvolvimento da profissão multidisciplinar de Planejamento Financeiro do Reino Unido.
Website: www.financialplanning.org.uk

- **The Personal Finance Society (The PFS):**
Membros dessa Sociedade têm acesso a tudo o que for necessário para planejar e desenvolver uma carreira em serviços financeiros.
Website: www.thepfs.org

- **The Institute of Fiscal Studies (IFS) , School of Learning**
Instituição de caridade incorporada pela «Royal Charter». Oferece educação financeira para profissionais de serviços financeiros em todo o mundo, e para os consumidores no Reino Unido.
Website: www.ifslearning.ac.uk

- *Napier University, Edinburgh*
Essa Universidade está no ranking das dez primeiras universidades de empregabilidade aos seus graduados no Reino Unido.
Website: www.napier.ac.uk

Comércio

- *The British Chamber of Commerce:*
A rede de negócios definitiva.
Website: www.britishchambers.org.uk

- *Statcounter*
Um contador de acessos à Internet, gratuito, confiável, invisível e altamente configurável fornecendo dados dos acessos em tempo real bem como estatísticas detalhadas da web.
Website: www.statcounter.com

- *Google AdWords Analytics*
Você pode expor seus anúncios no Google e em nossa rede de publicidade para aumentar o tráfego da Internet.
Website: www.google.co.uk/AdWords

- *The Institute of Trade Mark Attorneys*
O Instituto profissional do Reino Unido dedicado à proteção das marcas registradas.
Website: www.itma.org.uk

Caridade

- **Associação de Espinha Bífida e Hidrocefalia do Rio de Janeiro**
Instituição beneficente, sem fins lucrativos cujo objetivo é orientar e ajudar pessoas com mielomeningocele e hidrocefalia e seus familiares. Para cada livro vendido, será feita uma doação para esta Instituição.
Website: www.aebh.org

Churchouse/Chapters Financial

Informações adicionais sobre Keith Churchouse e suas empresas:

www.chaptersfinancial.com ou www.planmypension.co.uk